股权运营方案

迅速成长为独角兽

EQUITY OPERATION

杨烺 著

電子工業出版社
Publishing House of Electronics Industry
北京•BEIJING

内 容 简 介

随着资本市场的繁荣，股权作为一种有价值的资本，将是指引企业未来发展方向的罗盘，也是未来企业发展有效的驱动力。

本书讲述了股权运营战略，第 1 章介绍了股权相关概念及所蕴含的创富思维，第 2 章介绍了股权布局及控制权把握，第 3 章介绍了股权众筹的模式与方法，第 4 章介绍了股权激励，第 5 章介绍了股权估值的要求与方法，第 6 章介绍了股权融资中的技巧与陷阱，第 7 章介绍了股权投资的逻辑与退出，第 8 章介绍了股权并购，第 9 章介绍了股权上市的相关内容。

本书结合时下新案例，从不同角度诠释了股权的妙用及财富效应，语言通俗易懂，图文并茂，摒弃单纯的概念介绍、法律条款罗列，侧重实战技巧与方法；有效指导各行业企业家合理、创新设计股权结构，有效整合员工、投资者、竞争对手、上下游价值链；借力股权突破发展瓶颈，成功转型、快速扩张，轻松将企业做大、做强。

图书在版编目（CIP）数据

股权运营方案：迅速成长为独角兽 / 杨烺著. —北京：电子工业出版社，2017.5

ISBN 978-7-121-31194-9

Ⅰ. ①股… Ⅱ. ①杨… Ⅲ. ①股权管理－研究 Ⅳ.①F271.2

中国版本图书馆 CIP 数据核字（2017）第 064821 号

策划编辑：刘　伟
责任编辑：徐津平
特约编辑：赵树刚
印　　刷：三河市华成印务有限公司
装　　订：三河市华成印务有限公司
出版发行：电子工业出版社
　　　　　北京市海淀区万寿路 173 信箱　　　邮编：100036
开　　本：720×1000　1/16　印张：14.25　字数：228 千字
版　　次：2017 年 5 月第 1 版
印　　次：2017 年 5 月第 1 次印刷
定　　价：49.80 元

凡所购买电子工业出版社图书有缺损问题，请向购买书店调换。若书店售缺，请与本社发行部联系，联系及邮购电话：（010）88254888，88258888。

质量投诉请发邮件至 zlts@phei.com.cn，盗版侵权举报请发邮件至 dbqq@phei.com.cn。

本书咨询联系方式：010-51260888-819，faq@phei.com.cn。

前　言

毫无疑问，作为当今中国知名的电子商务公司，阿里巴巴旗下业务和关联公司业务，包括淘宝网、天猫、聚划算、全球速卖通、阿里巴巴国际交易市场、1688、阿里妈妈、阿里云、蚂蚁金服、菜鸟网络等，占据了中国电子商务市场的半壁江山。近年来，通过联盟、投资、收购、走出去、IPO 等战略，阿里巴巴市值荣登亚洲第一。在不断扩张版图的背后，我们看到的是阿里巴巴强大的股权运作思维。

2001—2004 年间，阿里巴巴通过出让股权的方式，获得由软银、雅虎、富达投资、Granite Global Ventures 和 TDF 等风险投资机构投入的初始发展资金。

2012 年，“羽翼渐丰”的阿里巴巴集团以股份回购方式，斥资 76 亿美元完成对雅虎的股份回购计划，创始团队稳固了自己的控制权。

2012 年 8 月，阿里巴巴以股权投资方式，以 4 000 万美元入股陌陌，待陌陌成功登陆纳斯达克后，其获得近 22 倍回报；2015—2016 年间，阿里巴巴又采用同样的方式，入股饿了么、滴滴出行、Magic Leap 等新晋互联网公司，布局未来的移动订餐、出行和虚拟现实市场。

2014 年 2 月，阿里巴巴以股权并购方式，豪掷约 11 亿美元，完成对高德公司的收购，为阿里巴巴的 O2O 业务加码；2015 年，其又采用同样的方式，耗资 45 亿美元完成对优酷土豆的股权收购，获得优质内容生产渠道。

2014 年 9 月，阿里巴巴成功 IPO 后，让股权实现上市，融资超 200 亿美元，创美国历史上最大一宗 IPO，马云一跃成为亚洲首富，并催生了上千名百万富豪；与此同时，以股权为纽带的合伙人制度正式对外亮相，成为业界热议的话题。

在公司内部治理中，阿里巴巴通过股权激励计划留住核心员工，保持团队的稳定性、员工的积极性；而在外部并购交易中，通过股权支付，不但减轻了资金压力，而且也牢牢控制住了并购公司。

很显然，在公司发展过程中，股权是获得资金、激励团队、布局市场、扩张版图、实现规模经济及财富倍增的有力武器。

（1）和银行融资相比，股权众筹融资或私募股权融资要容易很多，不需要担保或抵押，创始人只需要付出公司一部分股权，就可以获得资金，相当于白手起家。

（2）和现金激励方式相比，实行股权激励计划，通过授予经营者公司股份建立利益共同体，可以有力地促使激励对象自觉发挥才能，提高企业的竞争力，减少一切损害企业利益的行为，维持企业长期战略的整体性和稳定性；同时，也能减少公司的人力成本支出。

（3）和债券、债权等投资方式相比，股权投资除了让资本实现增值，获得财富倍增效应，还是企业布局未来商业模式、整合生态链的手段之一。比如，阿里巴巴集团宣布向魅族手机投资 5.9 亿美元，从表面上来看，这是阿里和魅族就移动端深度合作达成的一笔交易，但进一步挖掘后不难发现，这其实是阿里完善生态圈的一个计划。

（4）在企业扩张的道路上，股权并购将是众多企业家实现“撬动地球”梦想的那根杠杆。例如，万达集团在以股权并购方式从私募股权公司 Terra Firma 手中收购了欧洲第一大院线——Odeon &UCI 院线后，直接拥有 Odeon & UCI 院线在欧洲的 242 家影院、2 236 块银幕，占据欧洲市场份额的 20%；

同时掌握亚洲、北美和欧洲第一大院线，为子公司——传奇影业在全球的发展铺平道路，真正转型为一家全球化的大型综合集团。

（5）发展到一定阶段的企业，将其股权运作上市，将是获得新的融资渠道、完善公司法人治理结构和厘清公司自身发展战略、夯实企业发展的基础；可提升企业的品牌价值和市场影响力，提升公司在客户、供货商和银行心目中的地位；是增加对员工的吸引力、增强公司的竞争力、获得资本性增长收益的又一条捷径。

本书基于上述理念，结合各个行业的鲜活案例，从布局、融资、投资、并购、上市等多个方面阐述了股权的逻辑，有助于企业家深入领会股权运营思维，切实掌握股权创业投资机制。

本书由杨焜编写，参与资料收集和提供的还有李文勇、黄俊杰、董虹、李星野、李文玲、黄凤祁、郑小兰、林小峰、杨玉兰、韩雷、陈小雪、何凤娣、李银玲、张金萍、陈吉、马利琴，在此一并表示感谢。鉴于作者水平有限，可能存在疏漏或错误，欢迎读者批评指正。

编者

2017 年 2 月

目　录

第 1 章

股权思维：企业做强的直线逻辑

现今的中国，已经进入了更高层次的“股权经济”时代。什么是“股权经济”呢？简而言之，就是在市场经济的基础上加上股权这根“杠杆”，提高企业的活动空间和灵活性，让其撬动更大的市场。

“股权经济”离不开股权思维，简单来说，股权思维就是通过股权运作来优化和配置社会资源，实现规模经济及财富倍增的过程。在“大众创新、万众创业”的中国经济发展新引擎的推动下，股权思维已经成为当下企业最强的直线逻辑。

1.1 股权思维带来的创富神话

“无商不富，无股权不大富”，纵观中国财富排行榜前 100 名，基本都是靠股权运作积累起原始资本的。

2016 年 9 月，ofo 共享单车通过股权出让方式获得滴滴出行数千万美元的战略投资；2016 年 9 月，小鸣单车也以同样的方式获得了数千万元的天使轮融资；2016 年 10 月，摩拜单车获得红杉、高瓴资本 1 亿美元 C 轮融资。由此，各方通过股权融资，使移动出行获得了发展资金。

除融资外，股权带来的财富效应也是显而易见的。

2014 年 9 月 19 日，阿里巴巴在美国纽约证券交易所正式挂牌交易，首次公开募股（IPO）融资额高达 218 亿美元，是美国证券交易所迄今为止募集规模最大的 IPO。而更加引人注目的是，伴随着阿里巴巴的上市，马云的个人资产达到了 230 亿美元，折合人民币 1 400 亿元，大大超过了地产大亨王健林，成为中国的新首富；除此之外，阿里内部早期独立持有上市公司股份的十八罗汉和共同持有阿里巴巴 14%的股份的合伙人，也随着阿里上市，资产大幅增值，成为新的一波千万富翁。

2015 年 3 月 24 日，北京暴风科技股份有限公司在深圳创业板上市，连续 35 个涨停板，市值突破 100 亿元。仅以暴风科技的发行价每股 7.14 元计算，至暴风科技上市后，持股比例分别为 2.72%、8.17%、0.52%、3.48%、0.87%、1.74%、4.35%、2.46%的华控成长基金、和谐成长基金、信诺南海基金、伍通基金、江阴海澜创投基金、苏州国润发展、金石投资、沧浪投资等股东的退出回报率为 0.58 倍、1.86 倍、0.58 倍、2.10 倍、2.10 倍、2.10 倍、2.10 倍、2.10 倍；除此之外，截至 2015 年 5 月 18 日收盘，暴风科技再度涨停，股票报价每股 248.60 元，相比 3 月 24 日上市发行价的每股 7.14 元，上涨超过 30 倍。以每股 248.60 元的股价计算，暴风科技的 CEO 冯鑫身价已超过 50 亿元，其持股高管和员工的个人财富也因此大幅飙升，其中 11 人身价过亿元（包括冯鑫和已离职员工）、31 人身价过千万元、66 人身价过百万元。这意味着在过去不到 2 个月的时间内，暴风科技就造就了 100 多位百万富翁。

毫无疑问，这些融资、创富的例子都离不开股权思维，通过股权出让获得创业资本，通过股权投资实现财富倍增，通过股权并购扩大企业规模、提高竞争力，通过股权激励筹人、筹智慧……

股权思维，正在顺应时代成为当下最赚钱的逻辑之一。

1.2　股权与股份

股权是股东权益的简称，是指投资人向公民合伙和企业法人投资而享有的权利，通常包括监督管理权、经营决策权、资产收益权、知情权、优先认股权等，具有以下三个特征（见图 1-1）。

图 1-1　股权的特征

1. 综合性

股权包括股息或红利分配请求权、新股优先认购权、剩余财产分配权、股份转让权等财产权；也包括一系列公司事务参与权，如表决权、公司文件查阅权、召开临时股东会请求权、对董事及高级职员监督权等，具有综合性。

2. 社员权

股权是股东因出资成为法人社团成员，取得的一种社员权利，包括财产权和管理参与权，是一种独立类型的权利。既不同于传统私法中纯粹的物权或债权，又不同于传统私法中纯粹的人格权或身份权，更像一种资格或权限，其实质是团体中的成员依其在团体中的地位而产生的具有利益内容的权限。换言之，社员权有法律资格之外观而具法律权利之实质，其本质属性乃为新型之私法权利，而这种权利是与法律主体的财产权、人身权、知识产权相并列的权利类型。

3. 通过出资形成

股权是出资者向公司出资，以丧失其出资财产所有权为代价，取得的一种权利。

股权代表着股东权利的享有和行使，根据我国《公司法》规定，股东享有如下权利（见表 1-1）。

表 1-1 股东权利内容

序 号	享有权利	内 容
1	股东身份权	按照法律规定，有限责任公司成立后，应当向股东签发出资证明书。出资证明书应当载明下列事项：公司名称，公司成立日期，公司注册资本，股东的姓名或者名称、缴纳的出资额和出资日期，出资证明书的编号和核发日期，并由公司盖章。 有限责任公司应当置备股东名册，记载下列事项：股东的姓名或者名称及住所，股东的出资额，出资证明书编号。记载于股东名册的股东，可以依股东名册主张行使股东权利。 公司应当将股东的姓名或者名称向公司登记机关登记；登记事项发生变更的，应当办理变更登记。未经登记或者变更登记的，不得对抗第三人

续表

序　号	享有权利	内　　容
2	参与决策权	根据《公司法》规定，有限责任公司股东会由全体股东组成。股东会是公司的权力机构，行使下列职权：决定公司的经营方针和投资计划，选举和更换非由职工代表担任的董事、监事，决定有关董事、监事的报酬事项，审议批准董事会的报告，审议批准监事会或者监事的报告，审议批准公司的年度财务预算方案、决算方案，审议批准公司的利润分配方案和弥补亏损方案，对公司增加或者减少注册资本做出决议，对发行公司债券做出决议，对公司合并、分立、解散、清算或者变更公司形式做出决议，修改公司章程等。 股份有限公司股东大会由全体股东组成。股东大会是公司的权力机构。股东出席股东大会会议，所持每一股份有一表决权。股东大会做出决议，必须经出席会议的股东所持表决权过半数通过。但是，股东大会做出修改公司章程、增加或者减少注册资本的决议，以及公司合并、分立、解散或者变更公司形式的决议，必须经出席会议的股东所持表决权的三分之二以上通过
3	选择、监督管理者权	股东会是公司的权力机构，有权选举和更换非由职工代表担任的董事、监事，决定有关董事、监事的报酬事项，审议批准董事会和监事会或者监事的报告
4	资产收益权	《公司法》规定，公司分配当年税后利润时，应当提取利润的百分之十列入公司法定公积金，并提取利润的百分之五至百分之十列入公司法定公益金。公司法定公积金累计额为公司注册资本的百分之五十以上的，可不再提取。公司的法定公积金不足以弥补上一年度公司亏损的，在依照前款规定提取法定公积金和法定公益金之前，应当先用当年利润弥补亏损。公司在从税后利润中提取法定公积金后，经股东会决议，可以提取任意公积金。公司弥补亏损和提取公积金、法定公益金后所余利润，有限责任公司按照股东的出资比例分配，股份有限公司按照股东持有的股份比例分配
5	知情权	《公司法》规定，股东有权查阅、复制公司章程、股东会会议记录、董事会会议决议、监事会会议决议和财务会计报告。股东可以要求查阅公司会计账簿。股东要求查阅公司会计账簿的，应当向公司提出书面请求，说明目的。公司有合理根据认为股东查阅会计账簿有不正当目的，可能损害公司合法利益的，可以拒绝提供查阅，并应当自股东提出书面请求之日起十五日内书面答复股东并说明理由。公司拒绝提供查阅的，股东可以请求人民法院要求公司提供查阅
6	提议、召集、主持股东会临时会议权	董事会不能履行或者不履行召集股东大会会议职责的，监事会应当及时召集和主持；监事会不召集和主持的，连续九十日以上单独或者合计持有公司百分之十以上股份的股东可以自行召集和主持临时会议
7	优先受让和认购新股权	股东持有的股份可以依法转让。经股东同意转让的出资，在同等条件下，其他股东对该出资有优先购买权；公司新增资本时，股东有权优先按照实缴的出资比例认缴出资

续表

序　号	享有权利	内　　容
8	退出权	《公司法》规定，有下列情形之一的，对股东会该项决议投反对票的股东可以请求公司按照合理的价格收购其股权：（1）公司连续五年不向股东分配利润，而公司该五年连续盈利，并且符合本法规定的分配利润条件的；（2）公司合并、分立、转让主要财产的；（3）公司章程规定的营业期限届满或者章程规定的其他解散事由出现，股东会会议通过决议修改章程使公司存续的。 自股东会会议决议通过之日起六十日内，股东与公司不能达成股权收购协议的，股东可以自股东会会议决议通过之日起九十日内向人民法院提起诉讼。此外，在公司经营管理发生严重困难，继续存续会使股东利益受到重大损失，通过其他途径不能解决时，持有公司全部股东表决权百分之十以上的股东，可以请求人民法院解散公司
9	诉讼权	《公司法》规定，公司董事、高级管理人员侵害公司权益时，股东可以书面请求监事会或者不设监事会的有限责任公司的监事向人民法院提起诉讼；监事侵害公司权益时，股东可以书面请求董事会或者不设董事会的有限责任公司的执行董事向人民法院提起诉讼。前述监事会、监事或者董事会、执行董事收到股东书面请求后拒绝提起诉讼，或者自收到请求之日起三十日内未提起诉讼，或者情况紧急、不立即提起诉讼将会使公司利益受到难以弥补的损害的，股东有权为了公司的利益以自己的名义直接向人民法院提起诉讼。他人侵犯公司合法权益，给公司造成损失时，股东也可以依照上述规定向人民法院提起诉讼
10	关联交易审查权	股东有权通过股东会就公司为公司股东或者实际控制人提供担保做出决议，在做出该项决议时，关联股东或者受实际控制人支配的股东，不得参加该事项的表决。该项表决应由出席会议的其他股东所持表决权的过半数通过；公司的控股股东、实际控制人、董事、监事、高级管理人员不得利用其关联关系损害公司利益。违反该项规定，给公司造成损失的，应当承担赔偿责任

股份是基于股东地位，可对公司主张权利大小的表示，一般有三层含义（见图 1-2）：

（1）一定量资本额的代表。

（2）股东出资份额和股东权利大小的表示。

（3）计量股份公司资本的最小计量单位。

股份具有金额性、平等性、不可分性和可转让性四个特点，可以通过股票价格的形式表现其价值。它与股权的区别在于：基于股东地位而可对公司主张的权利，是股权；基于股东地位，可对公司主张权利大小的表示是股份。当表达对某公司所有权的时候，股权和股份在形式上讲是一样的，都是指持有某公司的部分权益，是某公司的所有人。不过，股权侧重于表达对公司拥有权益的概念，而股份则侧重于表达拥有所有权这个事实。

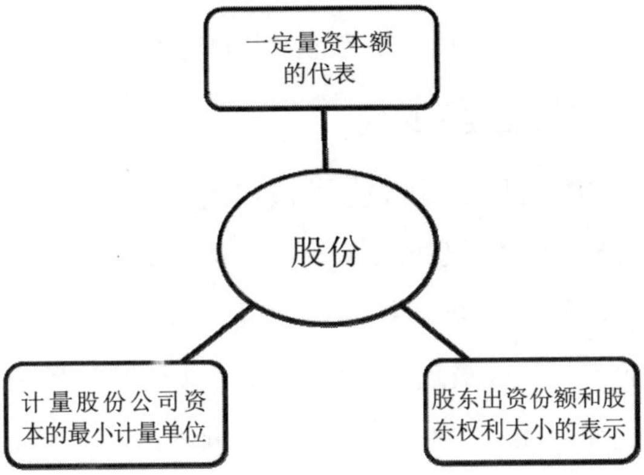

图 1-2　股份的含义

1.3　股权代持、隐名股东、名义股东

股权代持又称委托持股、隐名投资或假名出资，是指实际出资人与他人约定，以该他人名义代实际出资人履行股东权利义务的一种股权或股份处置方式。在此情况下，实际出资人被称为隐名股东，在工商登记处显示的股东被称为名义股东。

股权代持具有隐秘性和灵活性，便于股东更便捷地做出出资安排，但由于实际出资人（隐名股东）和工商登记股东（名义股东）不一致，也面临着法律风险（见图 1-3）。

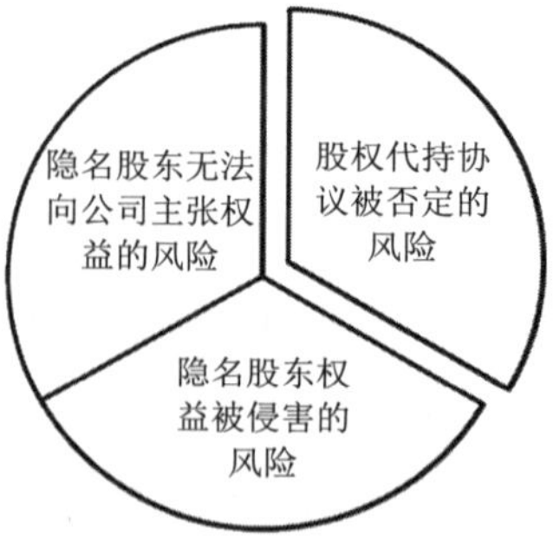

图 1-3　股权代持风险

1．股权代持协议被否定的风险

《最高人民法院关于适用<中华人民共和国公司法>若干问题的规定（三）》在原则上认可了股权代持协议的法律效力，但如存在《合同法》第五十二条规定的情形，则会被认定无效。其中，违反《合同法》第五十二条规定的股权代持情形还包括：公务人员违反《中华人民共和国公务员法》等有关规定，以股权代持的形式经商的；外商为规避外资准入政策，通过与境内企业或个人签订股权代持协议，以隐名股东身份投资于外商投资企业法律和政策禁止或限制外商进入的行业的；隐名股东规避我国法律的禁止性规定，以名义股东的名义对目标公司进行投资的。

2．隐名股东无法向公司主张权益的风险

就目前来说，法律仅明确了依照股权代持协议保护隐名股东的投资权益，并未明确隐名股东的合法股东地位和能否享有股东权益问题。隐名股东只能通过代持人主张权益，而不能直接向公司主张，故存在一定风险。

3．隐名股东权益被侵害的风险

股权代持是一种委托与被委托的关系，实际出资人隐于幕后，名义股东接受其委托，代为行使股东权利，包括经营管理权、表决权、分红权、增资优先权、剩余财产分配权等。这种结构下的股份登记在名义股东名下，在法律上将被视为名义股东的财产，一旦产生纠纷，代持人可能违反股权代持协议约定，侵害隐名股东的利益。例如，重大决策事件不经隐名股东同意，滥用股东权利；

不向隐名股东转交投资收益；擅自处置股权，给隐名股东造成损失等。

另外，目前法律没有明确规定隐名股东能否以其系实际出资人为由对抗该第三人的执行请求，如果有名义股东的债权人获得法院生效判决并提出执行请求，法院和其他权力机关可以依法查封上述股权，并将其用于偿还代持股人的债务，从而给隐名股东的财产带来很大的风险。

就上述风险而言，我们可以有针对性地采取一些措施来防范风险。

1．股权代持协议被否定风险的防范

股权代持协议被否定的风险主要来源于法律，所以这种风险的规避只能依照法律规定进行。

2．隐名股东无法向公司主张权益风险的防范

对于隐名股东无法向公司主张权益的风险，我们建议隐名股东向公司股东会披露股权代持协议，并争取让股东会出具同意名义股东向隐名股东“转让”股权和放弃优先购买权的决议。

3．隐名股东权益被侵害风险的防范

隐名股东权益被侵害的风险主要来源于名义股东，我们可以通过相关条款加以约束（见图 1-4）。

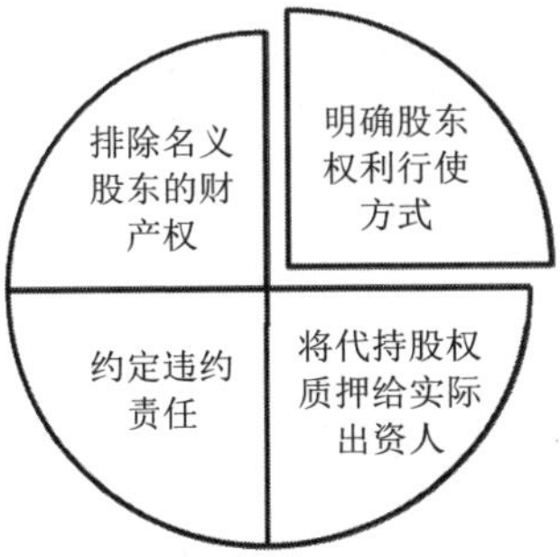

图 1-4　隐名股东权益被侵害风险的防范措施

（1）在股权代持协议中明确股东权利的行使方式，比如名义股东必须按照隐名股东的意愿行使股东权利，并提前出具行使股东权利的必要手续，表决权、分红权、增资优先权等必须通过隐名股东的书面同意等。

（2）通过协议约定将名义股东对股份享有的财产权排除在外，如名义股东发生陷入债务、离异、死亡等情形时，代持股权不能作为其项下财产进行处分，以防名义股东利用其名下股权侵害隐名股东的财产权益或者当名义股东出现意外死亡、离婚等情况时，隐名股东不得不卷入遗产继承的纠纷案件中，才能拿回自己的财产权，以及名义股东遭遇债务纠纷，代持股份被执行等风险。

（3）在隐名股东与名义股东签署股权代持协议的同时，可要求名义股东将代持股权质押给实际出资人。这样一来，当名义股东出现因陷入债务、死亡、离异等原因导致代持股权被采取强制措施时，由于代持股权已被设定质押，名义股东的处分权受到限制，可在一定程度上保障实际出资人的优先受偿权。

（4）约定违约责任。在代持协议中，对名义股东损害隐名股东利益的情况加以约定，并设置严格的违约责任，从而起到对名义股东的威慑、约束作用，降低隐名股东权益被侵害的风险。

1.4 交叉持股

交叉持股，又称相互持股，是指两个或两个以上的公司为了特定目的而相互持有股份，从而形成一种你中有我、我中有你的股权结构。比如，甲持有乙的股权，乙持有丙的股权，丙又持有甲的股权，若甲、乙、丙公司的资产都实现了增值，就意味着他们相互间持有的股权也在升值，进而刺激自身股价上涨，从而形成良性上涨关系。

猫眼电影是美团旗下的一家集媒体内容、在线购票、用户互动社交、电影衍生品销售等服务的一站式电影互联网平台。2016 年 5 月，光线传媒宣布以换股、支付现金等方式，获得猫眼电影合计 57.4%的股权，光线传媒将通过旗下上海光线投资控股有限公司入股猫眼电影，而猫眼电影的估值也达到 83 亿元左右。交易完成后，光线传媒将与美团大众点评交叉持股，光线传媒董事长王长田将进入猫眼董事会，而美团大众点评的 CEO 王兴也将进入光线传媒董事会，猫眼的股权结构也将发生改变：光线控股持有 38.4%的股权，光线传媒持有 19%的股权，上海三快（美团）持有 32.6%的股权，天津彩盈、天津彩创、天津光鸿、天津彩溢、天津彩绚合计持有公司 2%的股权，员工持有 10%的股权（见图 1-5）。

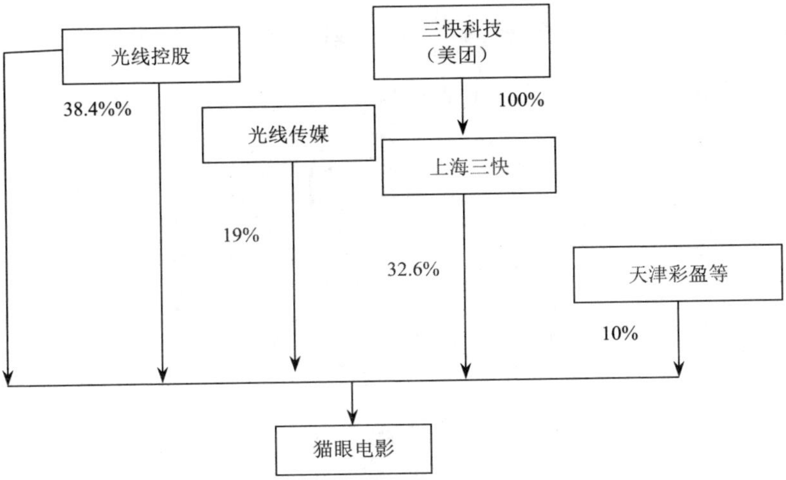

图 1-5　光线传媒收购猫眼电影后的股权结构

根据公司间有无控制、从属关系，交叉持股可划分为相互没有控制、从属关系的，法律地位相对平等的非母子公司间的横向交叉持股；以及具有控制、从属关系的，法律地位不平等的母子公司间的纵向交叉持股。如果按照结构特点，则可将交叉持股划分为单纯型、环状型、网状型和放射性的交叉持股。

- 单纯型交叉持股是指 A 公司与 B 公司之间相互持有对方的股份，这是交叉持股结构中最基本的形态。
- 环状型交叉持股是指 A、B、C、D 四个公司在 AB 间、BC 间、CD 间和 DA 间都相互交叉持股。
- 网状型交叉持股是指所有参与交叉持股的公司全部与其他公司产生交叉持股关系。
- 放射性交叉持股是指以某一家企业为核心，与其他公司形成交叉持股关系，但其他公司间不存在交叉持股关系（见图 1-6）。

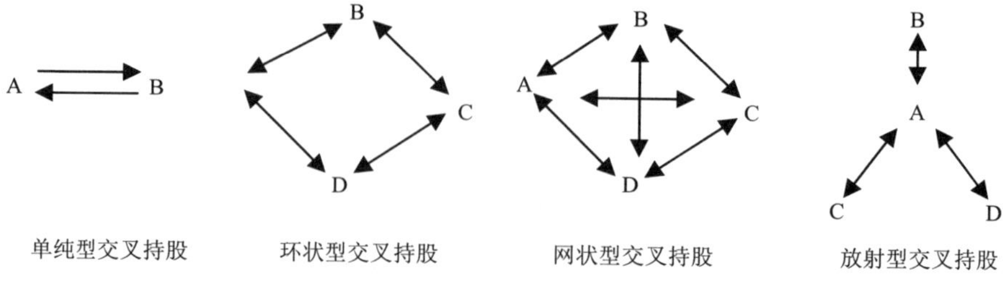

图 1-6　交叉持股的四种类型

交叉持股具有以下优势（见图 1-7）。

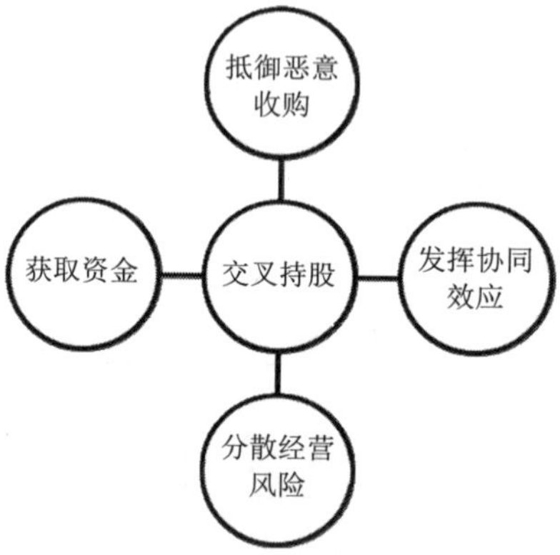

图 1-7　交叉持股的优势

第一，交叉持股有助于公司抵御恶意收购。当公司面临恶意收购时，被收购公司的管理层通过交叉持股，寻找一家“友好”公司变相增持本公司股份，可以有效阻碍恶意收购的发生。例如，在 2002 年丽珠集团的股权之争中，公司管理层与第一大股东光大集团不合，光大集团有意将全部股权转让给合作伙伴东盛科技。为了避免公司控制权落入东盛科技之手，公司管理层主动与太太药业配合，将公司第二大股东丽士投资所持有的丽珠集团的股份以较优惠的价格全部转让给太太药业，而丽士投资由丽珠集团员工持股会持股 90%。太太药业同时通过二级市场收购流通 A 股和 B 股，以及协议收购法人股等方式最终成为丽珠集团的实际控制人。

第二，交叉持股可以发挥各方的协同效应。交叉持股有助于企业间的横向协作和纵向整合，比如通过在技术、销售、信息等方面的资源互补，或者上下游企业之间的纵向一体化，使公司的能力达到协调有效的利用。

第三，交叉持股可以分散企业的经营风险。交叉持股引进新股东，有助于实现业务联盟，可以起到分散风险的作用。

第四，交叉持股有助于获取资金和提高资金使用效率。公司与金融机构的交叉持股可以帮助企业引入可靠的资金来源，而母子公司之间的交叉持股可以帮助企业提高资金使用效率，用较少的资金获得较大的控制权。

但交叉持股也存在一定的劣势（见图 1-8）。

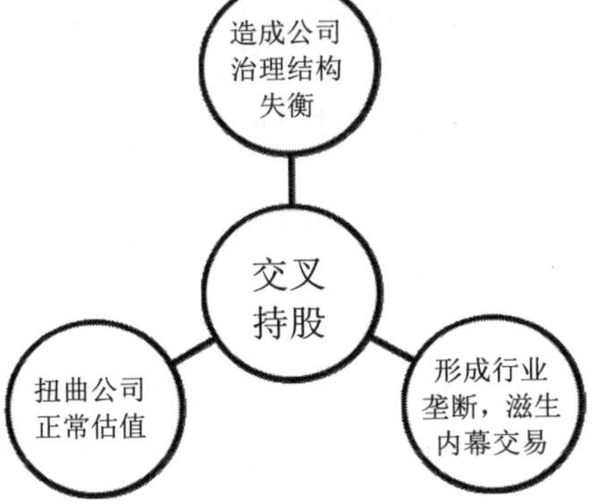

图 1-8 交叉持股的劣势

第一，交叉持股容易扭曲公司正常的估值。交叉持股使资金在公司间来回流动时，造成虚增资本的假象，夸大了企业真实的偿债能力，扭曲了公司的正常估值。

第二，交叉持股容易形成行业垄断，滋生内幕交易。交叉持股使相关各企业间的信息沟通渠道更加顺畅，各公司间更容易形成业务结盟，甚至是行业垄断，以排挤对手和获取垄断利润，从而破坏市场化的竞争机制；同时，在监管制度不完善的环境下，很容易滋生内幕交易或关联交易。

第三，交叉持股容易造成公司治理结构失衡。在交叉持股状态下，一个公司的管理层往往具有对另一个公司的重大决策权，如果双方管理层代为行使表决权时相互勾结，那么将使公司治理结构失衡。

1.5 案例：小米手机，股权思维定天下

毫无疑问，近年来的小米公司是一个高速成长的企业。

在 2015 年“最受赞赏的中国公司”排行榜中，小米排名第四；

在“2015 年中国通信专利排名”中，小米以 3 183 件专利申请数量，排第四；

在 2016 年中国互联网企业 100 强中，小米排名第十三；

在 2016 年 6 月份线下畅销手机排行榜中，小米排名第七；

在艾瑞咨询发布的《2016 年中国独角兽企业估值排行榜 TOP300》中，小米以 450 亿美元的估值排名第二，仅次于蚂蚁金服。

分析小米的发展史不难发现，小米手机其实是典型的靠“股权思维”成长起来的企业。

首先，小米打造了一个全新的商业模式，通过股权出让方式吸引了合伙人和投资商的加入，组建了创始团队，并拿到了 1 000 万美元的创业资金。

在发展过程中，小米采用了股份合伙制架构。合伙人之间通过股权建立了利益共同体，即享有分享利润的权利，又需要承担责任。公司将管理权充分下放，各合伙人分属不同的业务板块并全权负责，包括人事管理、业务运作等，其他人不予干预。其组织架构基本上只有三级：合伙人—新主管—员工（见图 1-9）。

图 1-9　小米组织架构

各合伙人由于共同的利益结合在一起，因此对于下属员工的选择一定是找到一流的人才，由此塑造了小米卓越的人才队伍，并成为公司发展的强大驱动力；同时，各合伙人成为企业股东后，拥有了分享利润的权利，会促使他们自觉采取各种方式降低成本，加强管理能力，进行技术创新，积极拓展市场空间，从各个渠道提高企业的竞争能力，提高经营业绩。

当小米持续快速发展时，投资机构又会“锦上添花”，主动投钱给小米，以谋求占有股份，当企业高速成长的时候可获利退出。

步入成熟阶段后，小米有了足够的、稳定的现金流，又可以通过股权投资寻求更大的市场机会，获取更优惠的供应链，追求更多的利润。比如，投资美的，达成小米设备和美的设备的互联互通；投资金山云，提高数据挖掘和利用能力；投资优酷土豆和爱奇艺，在内容生态链中寻找盈利切入点。

以股权为杠杆，小米仅用 5 年时间就做成了价值 450 亿美元的公司，但是，如果小米按照传统的“市场思维”去运作，那么过程是这样的：首先，需要一笔启动资金用于手机市场的调研和产品研发；然后，准备一大笔费用去购买设备、建设厂房、招聘人员；接下来开工生产。当产品生产出来之后再去找渠道商砸钱做广告，努力卖给消费者。这时如果资金不够用，就去银行贷款。这样的运作模式，很可能使小米手机还未到消费者手中，就已经“夭折”了。

不难看出，“股权思维”背后的杠杆作用力量是巨大的，而小米靠的就是这种轻资产、精定位、做纵深、高增长的股权思维方式迅速壮大。

第 2 章

股权布局：资本时代的存亡之道

2016 年年初，随着宝能系旗下前海人寿及其一致行动人钜盛华举牌万科，围绕万科控制权之争的大戏正式上演。2016 年 6 月 17 日，万科召开董事会，讨论万科引入深圳地铁重组预案，但因第二大股东华润的反对未获通过。2016 年 6 月 23 日，钜盛华与前海人寿发表声明，明确反对该重组计划，华润重申自己的反对立场。华润和宝能系正式联手，也宣告华润和万科的友谊走到了尽头。2016 年 6 月 26 日，万科确认收到宝能系提出包括罢免王石、郁亮等 10 位董事及 2 位监事在内的 12 项议案，万科管理层处境堪忧。2016 年 10 月，恒大买入 7 366.4 万股万科 A 股，以当日平均股价来计算，涉及逾 20 亿元。由此，万科股权之争格局逐渐清晰，宝能、华润、恒大位列“第一梯队”，已呈鼎足之势，持股比例略低的安邦及万科管理层则为“第二梯队”（见图 2-1）。2016 年 12 月 18 日晚，万科发布公告称，考虑到公司股价自复牌以来波动较大，当前各方尚无法达成一致意见，董事会同意终止与深圳地铁集团重大资产重组。这意味着万科管理层作为狙击恶意收购的重要武器——“白衣骑士”深圳地铁集团，终因各方股东反对重组方案而彻底远去。虽然 2017 年 2 月 24 日证监会对前海人寿进行了处罚，但这场股权之争并未落幕，这也是万科股权之争事件的最新进展。

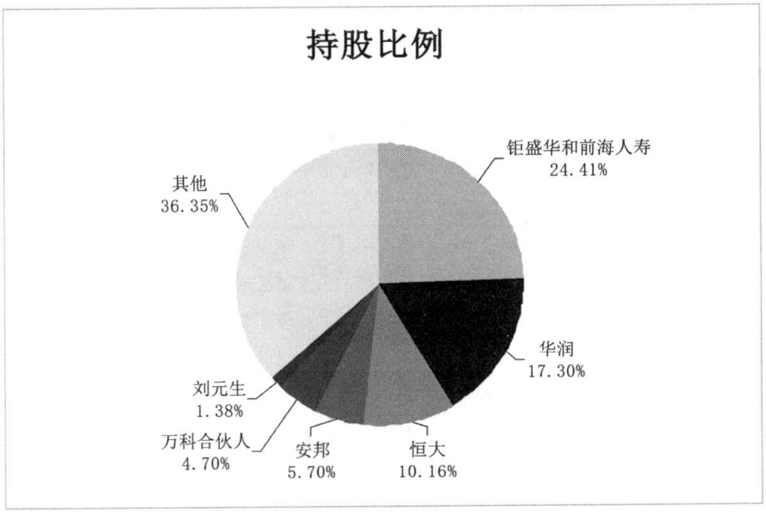

图 2-1　万科 A 股股权架构

万科之所以发生这场纷争，核心原因在于其股权布局不合理。这也给其他公司发出了一个警示：资本时代，股权布局事关“生死”。

2.1 股权布局的生死线

股东持股比例的多少代表着其所能行使的权利的大小，由此衍生出绝对控股权、相对控股权、一票否决权、临时会议权四条生死线，以备在生死存亡之际，股东可以有效地保护自己的权益（见图 2-2）。

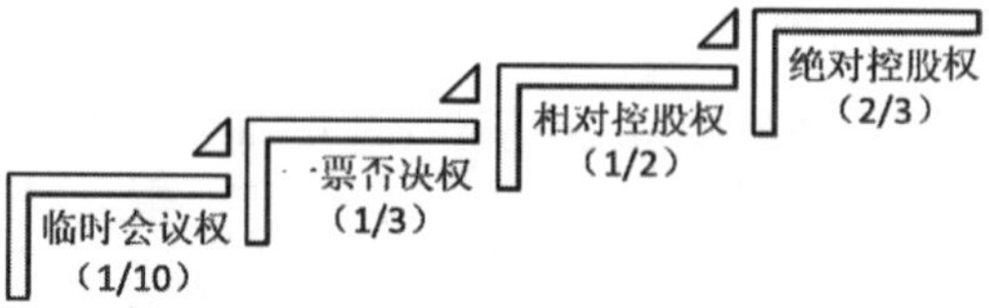

图 2-2 股权的四条生死线

根据《公司法》规定，不同的持股比例拥有不同的权利（见表 2-1）。

表 2-1 《公司法》中不同持股比例拥有的权利

公司股权比例	股东可以行使的权利
1/100	董事、监事、高级管理人员执行公司职务时违反法律、行政法规或者公司章程的规定，给公司造成损失的，有限责任公司的股东、股份有限公司连续一百八十日以上单独或者合计持有公司百分之一以上股份的股东，可以书面请求监事会或者不设监事会的有限责任公司的监事向人民法院提起诉讼
3/100	单独或者合计持有公司百分之三以上股份的股东，可以在股东大会召开十日前提出临时提案并书面提交董事会
1/10	有限责任公司股东会会议由董事会召集，董事长主持；董事会或者执行董事不能履行或者不履行召集股东会会议职责的，由监事会或者不设监事会的公司的监事召集和主持；监事会或者监事不召集和主持的，代表十分之一以上表决权的股东可以自行召集和主持
	有限责任公司股东会临时会议可以由代表十分之一以上表决权的股东提议召开
	股份有限公司股东大会会议由董事会召集，董事长主持；董事会不能履行或者不履行召集股东大会会议职责的，监事会应当及时召集和主持；监事会不召集和主持的，连续九十日以上单独或者合计持有公司百分之十以上股份的股东可以自行召集和主持
	代表十分之一以上表决权的股东、三分之一以上董事或者监事会，可以提议召开董事会临时会议

续表

公司股权比例	股东可以行使的权利
1/10	公司经营管理发生严重困难，继续存续会使股东利益受到重大损失，通过其他途径不能解决的，持有公司全部股东表决权百分之十以上的股东，可以请求人民法院解散公司
1/2	股东大会做出决议，必须经出席会议的股东所持表决权过半数通过
	为公司股东或者实际控制人提供担保的，必须由股东会或者股东大会决议。上述股东或者受实际控制人支配的股东，不得参加此项表决。该项表决由出席会议的其他股东所持表决权的过半数通过
	创立大会应有代表股份总数过半数的发起人、认股人出席，方可举行
2/3	会议做出修改公司章程、增加或者减少注册资本的决议，以及公司合并、分立、解散或者变更公司形式的决议，必须经代表三分之二以上表决权的股东通过
	上市公司在一年内购买、出售重大资产或者担保金额超过公司资产总额百分之三十的，应当由股东大会做出决议，并经出席会议的股东所持表决权的三分之二以上通过
	公司营业期限届满或解散事由出现，公司修改公司章程使公司存续

由此可见，股权比例的四条生死线分别代表着不同的意义。

（1）重大决策线（2/3 以上）：决定公司所有事务和上市公司重大资产处置。

（2）重大事务表决线（1/2 以上）：通过普通决议及担保决议，决定公司除解散、分立、合并、增减资、变更形式外的重大事务。

（3）一票否决线（1/3 以上）：如果某一股东的股份为 33.31%以上时，那么其他股东的股份加起来也不会达到 66.7%，所以只要这一个股东投反对票，就决定了某些股东会决议无法通过，这就相当于“一票否决权”，可以否决某项决议。

（4）临时会议权线（1/10 以上）：提请召开临时股东会、临时董事会。

当股东的持股比例达到一定条件时，上述这些权利的大门才会向其打开，股东只有手握“重兵”，才能更好地去影响公司，以及更好地保护自己，股权的价值才得以体现。

2.2 合伙人的进入与退出机制

2014 年 6 月，广州中院对真功夫股权纠纷案做出终审判决，蔡达标获刑 14 年，半数资本被查封，所持真功夫股权进入司法拍卖程序，潘宇海接管真功夫。

由此，耗时四年的真功夫股权之争终于画上句号，但真功夫却因此利润大挫，估值缩水近一半，IPO 上市严重受阻。

真功夫事件，表面上是因为家族矛盾所导致的，特别是蔡达标和潘敏峰的离婚是关键。但实际上，问题的根源在于 50%∶50%的平衡性股权结构，家族矛盾只是进一步加剧了股权结构不合理所导致的问题。

真功夫设立之初，蔡达标夫妻与潘宇海持股比例各为 50%，在 2007 年引进私募股权投资后，二者的持股比例依旧为 47%∶47%。由于每个股东对公司的贡献是不同的，这种完全持平的股权结构很可能导致公司控制权与利益索取权的失衡，为未来的利益分配埋下隐患；在决策时形成股东僵局，为日后的股权之争埋下了伏笔。

有言道：共贫贱易，共富贵难。任何一家公司，在创立之时就应谨慎考虑股权划分的问题。

2.2.1 挑选合适的合伙人

合伙人是公司最大的利益贡献者，直接关系到创业的成败，因此，必须予以高度重视。

首先，创业是一个长期、高风险的过程，我们挑选的合伙人一定是既有创业能力，又有创业心态，且能有 3～5 年全职投入预期，愿意和公司一起成长的人。

其次，成功的创业靠的是团队，而不是某个人的单打独斗，我们挑选的合伙人应该能通过技能互补，资源共享，实现效益最大化。就像雷军说的，他创业之初 70%的时间都在找人，找的是他那个层面的合伙人。合伙人要互补，要不一样，甚至要成为自己的镜子，能跟自己最熟悉的东西互相挑战。

最后，合伙人之间是一种长期、深度的利益捆绑关系，各合伙人应该有包容心，相互信任并具有改变一个行业的信念，将沟通成本降至最低。

由于每个创业团队的创业方向、目标市场不同，挑选合伙人的标准也不尽相同。

例如，复星集团认定合伙人的标准为：对复星文化和价值观高度认同，深刻理解复星的发展战略，善于学习，处于持续创业状态，有能力、有激情为公司发展贡献力量，不断创造价值。王石挑选合伙人的标准是高度的价值观认同和彼此信任。

但总的来说，一致的愿景、彼此间的信任、能力互补是首要标准。

2.2.2　合伙人的股权分配

创业合伙人之间最容易起争端的问题之一就是股权分配，比如一夜散伙的“罗辑思维”，劳燕分飞的“西少爷”，团队决裂的“泡面吧”，微信互撕的“首席娱乐官”……无数初创公司都伤或死在股权分配问题上。

任何一家公司，在最初创立时就应该系统考虑股权划分问题，以免在可预见的未来，陷入始料不及的股权纷争中。

关于合伙人的股权分配，要注意以下几个要点（见图 2-3）。

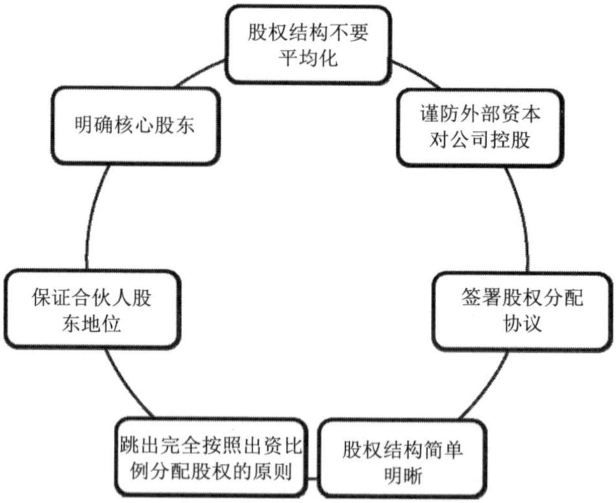

图 2-3　股权分配注意的要点

1. 明确核心股东

很多股权纠纷都源于大股东不清晰，如真功夫，蔡达标和潘宇海从持股50%到 47%，一直都处于对等局面，遇到意见分歧时无法集中决策，很容易产生纠纷。

因此，合伙人的股权分配，从一开始就要明确公司的核心股东及其拥有的权利，包括在股东会拥有的表决权和对公司的控制力。这样，即使在意见不统一时，也有可“一锤定音”之人。

2. 保证合伙人股东地位

风险共担、利益共享是合伙的特征。因此，我们在设计股权架构时，也要科学评估合伙人在企业的作用，保证合伙人的股东地位和持股比例，为未来和合伙人并肩作战、共进退打好基础。

例如，阿里巴巴从一开始就给予了“十八罗汉”股东地位，从阿里初创到发展壮大，“十八罗汉”和马云风雨同舟、不离不弃，随着阿里在港交所、纽交所上市，市值剧增，“十八罗汉”也是赚得盆满钵满，真正做到了合伙人之间同甘共苦。

3．跳出完全按照出资比例分配股权的原则

在现代企业出资中，除资金外，还有劳务、专利、知识产权等，所以，完全按照出资多少分配股权是不合理的。我们建议企业科学评估各类出资（资金、创意、技术、运营、个人品牌），跳出完全按照出资比例分配股权的原则，鼓励有特殊价值的股东和员工，发挥人力资本的最大优势，增强公司竞争力，吸引投资者。

4．股权结构简单明晰

“简单明晰”指股东人数不是太多，股权构成不过于复杂，不存在大量的代持人、期权池、交叉持股、双股权、委托投票权等。

据研究分析，初创企业最科学的配置是 3 个人，这样既避免了两个人在沟通方面没有缓冲地带，也不会出现多人决策但无人决定的局面，有助于维护公司和创业项目稳定。

5．签署股权分配协议

很多公司在早期创业时都只顾埋头苦干，仅在口头上约定股权分配比例。一旦公司成长起来，合伙人要求按照股权比例分享利润时，口头约定就很难服众，而如果在这个时候再去讨论股权怎么分，很容易使分配方式不能满足所有人的预期，导致团队出现问题，影响公司的发展前途。所以，创业团队应该在早期就签署书面股权分配协议，约定各合伙人的股权比例。同时，还应该约定股权兑现机制，公平保护合伙人之间的付出，激发各合伙人尽心尽力为企业效力，保证团队稳定，维持项目的长期战略。

一般来说，按照合伙人在公司工作的天数，股权分 4～5 年逐步兑现。

6．谨防外部资本对公司控股

外部资本控股存在很多问题，不利于公司的长期发展。

首先，创始团队感觉是在为别人打工，没有足够的工作动力；其次，没有预留足够的股权利益空间吸引优秀的合伙人加入，影响公司的长远发展；最后，外部资本对公司的实际经营状况了解有限，容易做出错误决策。

因此，企业在做股权架构时，事先要考虑到未来融资对股权稀释的问题，谨防外部资本控制公司。一般来说，一个公司从初创到上市，需要 4～5 轮融资，最好采用小步快跑的方式，多融资几轮没关系，但每一轮融资都不要对股权稀释太多，确保核心控股股东的地位。

7. 股权结构不要平均化

每个合伙人对公司的贡献可能都不一样，如果平均分配股权，自然会让付出多的合伙人不满，容易引发纠纷，导致项目半途而废；比较成功的模式是有一个核心大股东作为决策中心，另外搭配几个有话语权的小股东，保持不同意见的同时又能拍板决策。

股权结构是一个弹性可塑的动态交互模式，创业者应充分考虑公司的发展方向、经营状况和融资需求，以及出资人价值、投资额、收益兑现等因素，在进行深入分析后合理设计股权结构，并根据公司的发展变化及合伙人变动等实时调整股权架构。

例如，考虑创意想法、技术贡献、渠道贡献、商业计划书、资产贡献等要素，评估各个要素的价值和各合伙人的相对贡献，将每个要素的权重设为 0～10 分，根据对企业的重要程度，给予不同的评分（见表 2-2）。比如广告传媒公司，对创意想法的依赖性大，则创意想法的重要性可能是 7～8 分；一家制造企业，可能更依赖于资产，则资产贡献的权重可能是 6～7 分。

表 2-2　各要素评估表

要　素	权　重
创意想法	
技术贡献	
渠道贡献	
商业计划书	
资产贡献	

接下来，对于各个合伙人，都可以基于这些要素来评估其贡献（见表 2-3），谁投入的启动资金？谁提出的创业想法？谁制订的商业计划书？谁有较强的

专业知识？谁提供的办公资产？谁有行业人脉？谁负责融资？谁负责把产品推向市场？分值依然为 0～10 分。

表 2-3　合伙人贡献评估表

要　素	合伙人 A	合伙人 B	合伙人 C	合伙人 D
创意想法				
技术贡献				
渠道贡献				
商业计划书				
资产贡献				

然后，我们根据合伙人股权计算公式来分析如何分配股权。经过评估后，各合伙人贡献和各要素权重评估如下（见表 2-4）。

图 2-4　各合伙人贡献和各要素权重评估

要　素	权　重	合伙人 A	合伙人 B	合伙人 C	合伙人 D
创意想法	7	4	3	5	0
技术贡献	5	5	5	2	0
渠道贡献	4	1	0	1	3
商业计划书	3	0	2	2	0
资产贡献	4	0	2	0	5

我们把每个合伙人在要素上贡献程度的分数，与该要素的重要性程度分数相乘，计算出加权分数（见表 2-5）。再把每个合伙人的分数加起来，概括出总分数，然后判定相对百分比。最后，进行一次合理性检查，判断一下这个百分比是否符合实际中的逻辑，并相应地对它们进行调整。

表 2-5　合伙人股权分配方法

要　素	合伙人 A	合伙人 B	合伙人 C	合伙人 D	
创意想法	28	21	35	0	
技术贡献	25	25	10	0	
渠道贡献	4	0	4	12	
商业计划书	0	6	6	0	
资产贡献	0	8	0	20	
分数合计	57	60	55	32	合计：204
股权比例	28%	29%	27%	16%	合计：100%

这是第一轮股权分配，在此基础上考虑召集人、信誉资产、各合伙人承担的责任大小等因素，以及为投资者进入和未来的股权激励预留空间等，再进行适当的调整，使股权分配更加合理。

2.2.3 合伙人股权退出机制

股权既可以给公司赋能，又可以突破创业期的资金资源限制，吸纳激励优秀人才，但如果没有完善的退出机制，则很可能引发纠纷。

2016 年，冯大辉与老东家丁香园之间的股权纠纷引发网络热议。冯大辉于 2010 年 6 月加入丁香园，入职初期获授期权，到如今已有 6 年，离职时双方因无法对行权价格达成共识而陷入僵局。在多轮社交媒体交战中，冯大辉指责丁香园失去信誉，丁香园则表示要对冯大辉毁损公司声誉的行为保留追诉权利。

对于这起纠纷的结局，目前尚不明朗。但抛开感情因素，还是公司在股权退出机制的安排上出现了问题。

公司在发展过程中总会遇到人员的变动，如果不能事先约定股权退出机制，则很容易导致纠纷。例如，持有公司股权的合伙人因健康、家庭变故或能力等原因无法胜任合伙企业工作，离职时不想退股，其他合伙人不同意，却由于事先没有约定合伙人的退出机制，对合法回购退出合伙人的股权束手无策，这样就很容易导致股权纠纷。

因此，合伙企业在设计股权架构时，应该就退出机制的公平合理性充分沟通理解，并在协议中做出约定（见图 2-4）。

1. 提前设定退出机制

在股东协议中设定股权退出机制，约定好在什么阶段合伙人可以退出公司，以及退出时的股权处理方式。这样，当合伙人退出公司后，其所持的股权按照一定形式退出，一方面对继续在公司里做事的其他合伙人更公平，另一方面也有利于公司的持续平稳发展。

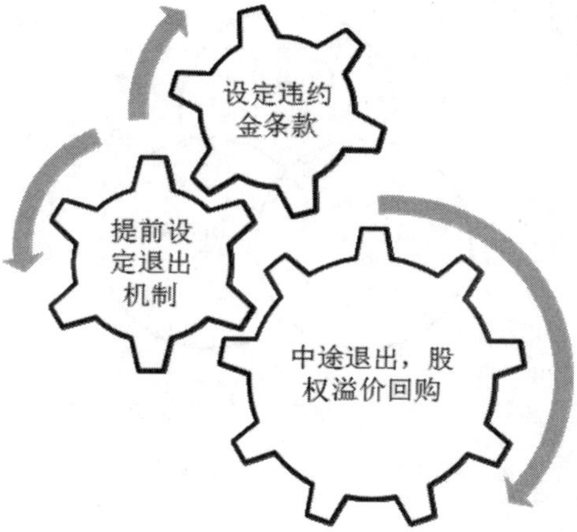

图 2-4　合伙人股权退出机制

2. 中途退出，股权溢价回购

对于中途主动退出的合伙人，考虑到对公司的历史贡献及对公司文化建设的影响，退出时可以按照当时公司的估值或最近一轮融资估值对退出合伙人手里的股权进行适当溢价回购。

3. 设定违约金条款

为了防止合伙人退出公司但却不同意公司回购股权，可以在股东协议中设定高额的违约金条款。

2.3　股权布局谨防跌入三个“温柔陷阱”

利润共享、风险共担的股权分配机制无疑是将创业团队凝聚在一起的黏合剂和公司发展的基石，但如何合理布局创业团队的股权往往决定了一个初创公司能够走多远，能够走得多好。

以下是我们在设计股权结构时需要引起足够重视的几个“温柔陷阱”（见图 2-5）。

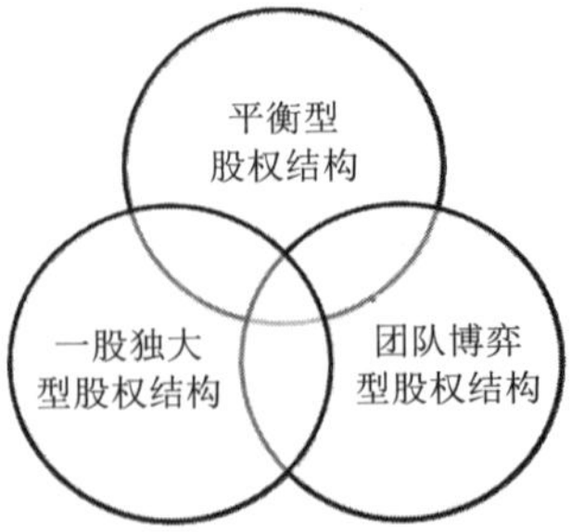

图 2-5　股权布局的三个“温柔陷阱”

1．平衡型股权结构

创业初期，为了体现分配的公平性，很多公司会平均分配股权，比如50%:50%，而这样做导致的结果就是公司大股东之间的股权比例相同或非常接近，没有其他小股东或者其他小股东的股权比例极低，一旦出现意见分歧，很可能形成股东会僵局，无法实现有效决策。另外，在实际经营中，每个股东对公司的贡献是不同的，如果股权一样，则会导致公司控制权与利益索取权失衡，为未来的利益分配埋下隐患。

海底捞最初就是这种结构，两家人各占 50%的股权。随着企业的发展，张勇逐渐意识到这种股权结构是不合理的，不利于企业决策，于是通过回购方式增加自己的股份，彻底打破了原先均分的股权结构。

2．一股独大型股权结构

为了获得控制权，很多创始人将公司股份集中在自己手中，拥有公司股份的 50%以上，对公司事务拥有绝对的话语权，包括修改公司章程，决定公司分立、合并、上市、主营业务变更等重大事项。

这种股权结构虽然有利于快速决策，但类似“一言堂”和家长式的管理模式，使公司董事会、监事会和股东会形同虚设，企业的经营管理都由一个人说了算，缺乏制衡机制，很容易将企业行为与大股东个人行为混同，从而导致决策失误，资金运用不透明，增加企业的经营风险。

葵花药业实际上是一个典型的一股独大型家族式企业。关氏家族通过葵花集团和金葵投资间接控制的葵花药业股权比例高达 60.97%，再加上公司实际控制人关彦斌和妻子张晓兰、弟弟关彦明持有的股份，关氏家族对葵花药业的实际控股比例高达 82.84%，具有绝对控制权。

如果企业想上市，这种实际控制与其家族“一股独大”的股权结构是必须要妥善处理的。

3．团队博弈型股权结构

为了凝聚人心，将公司股权分散在大量小股东手中，且持股比例相差不大，单个股东所持股份的比例大都在 10%左右，没有核心大股东。这种股权结构看似相互制衡，但实际上因为有着大量小股东的存在，很容易引发公司管理层道德危机，使公司各项决策变得异常复杂，公司大量的精力和能量消耗在股东之间的博弈活动中。

“宝万”之争让我们看到了这种结构的弊端。无论是原来的控股股东华润，还是目前的控股股东宝能，以及未来可能通过发行股份购买资产实现控股的深圳地铁，其持股比例都在 20%左右，与其他 2～5 个股东之间的持股比例相差不大，当面对 “野蛮人”踢门时，很难通过一致行动阻击恶意收购。

好的股权结构是公司良性长期发展的基础，在理想情况下，一个德才兼备、行业经验丰富、善于整合资源带领团队的 CEO，应该成为公司的核心大股东，同时还拥有持股比例在 10%～50%的其他大股东，相互间制衡，但没有哪个股东具有绝对控制权，也不存在大量的小股权干扰股东会决策。

2.4　初创团队，“四招”拿下控制权

初出茅庐的创业团队，面对长袖善舞的投资方，很可能是行动大于心动，几轮融资后，手中的股权已所剩无几，丢掉了对公司的控制权。如何才能在与资

本的博弈中，牢牢掌握公司的控制权？不妨深谙以下四招“制敌术”（见图 2-6）。

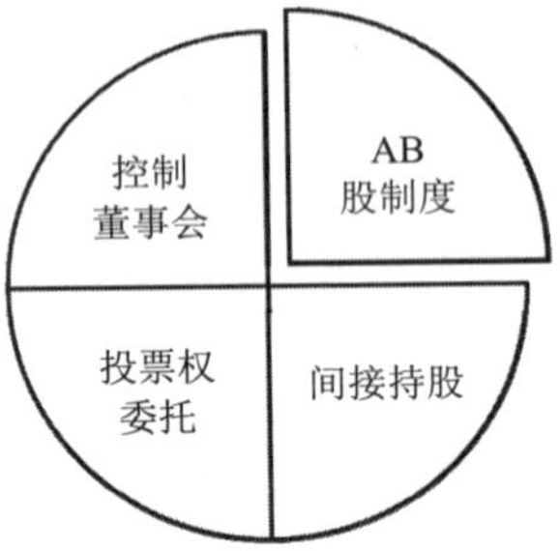

图 2-6　掌握控制权的方法

2.4.1　AB 股制度

2016 年 8 月，美国证券监督委员会的网站上发布了一则公告。公告显示，腾讯旗下黄河投资于 2016 年 8 月 12 日至 8 月 18 日期间，以近 2 亿美元的资金，增持京东约 802 万股美国存托股票，相当于 1 603 万股京东 A 类股（见表 2-6）。增持之后，腾讯在京东的持股比例将达到 21.25%，超过刘强东，成为京东第一大股东。

表 2-6　腾讯 2016 年三次增持京东股票

名　称	时　间	数　量	平均价格	价格区间
黄河投资	2016-8-12	4 098 000	$24.2	$23.59～24.89
黄河投资	2016-8-17	2 420 581	$25.33	$24.99～25.44
黄河投资	2016-8-18	1 498 000	$25.35	$25.13～25.51

但就像刘强东在 2016 年 7 月 17 日央视《对话》栏目中说的那样：“如果不能控制这家企业，那么我宁愿把它卖掉。”虽然腾讯持有京东的股权超越了刘强东，但是凭借 AB 股制度，京东的控制权依然牢牢掌握在刘强东手中。那么什么是 AB 股制度呢？

AB 股制度也称双重股权架构或二元股权结构，即将股份分为 A、B 两个系列，针对普通投资者发行低投票权的 A 股，针对公司管理层发行高投票权的 B 股（通常为 10 倍投票权）。

在公司对外融资中，采用同股不同权的 AB 股架构可以保证创始人即便拿到很少的股份，但是因为每股具有 2～10 票的投票权，也依然能够获得足够的话语权来控制公司。

京东自 2007 年 3 月以来共计进行了 9 次私募融资，先后引进今日资本、高瓴资本、美国老虎基金、DST 全球基金、红杉资本、沙特王国投资公司等 PE 投资机构，募资额总计达 18.77 亿美元。随着资金短缺问题的解决，京东进入了高速发展时期，其规模扩大，市场份额提高，2013 年实现了年销量千亿元的目标，但京东也付出了较大代价：股权结构呈现出分散、多元格局，创始人刘强东持股比例被大幅稀释到 18.4%（截至 2016 年 8 月）。东京上市前的股权结构如图 2-7 所示。

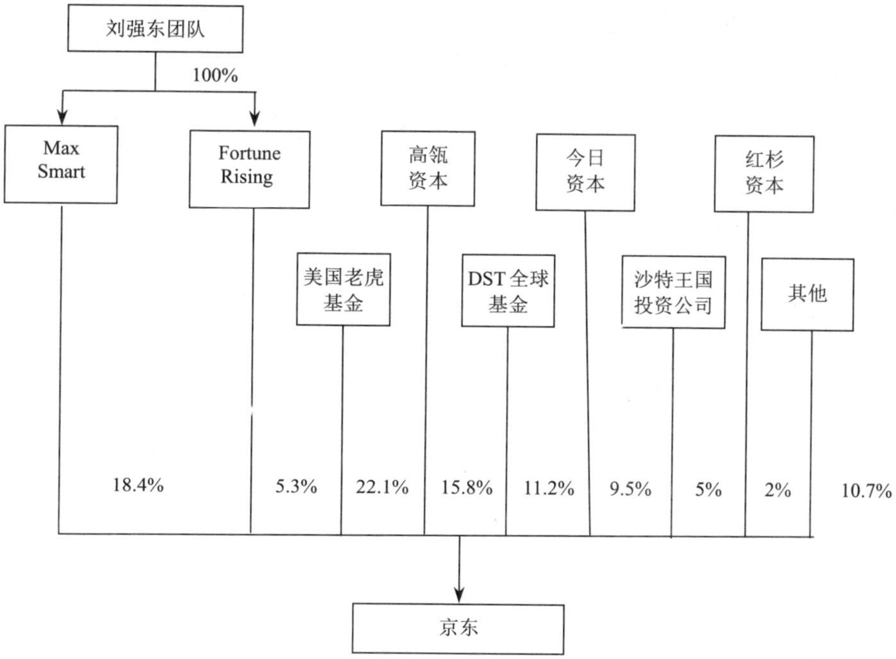

图 2-7　京东上市前的股权结构

但让大家疑惑的是，虽然股权比例不断被稀释，但刘强东却依然能以较少的股份牢牢掌握京东的控制权，这是为什么呢？因为京东实行的是 AB 股制度，刘强东通过两家控股公司 Max Smart Limited 和 Fortune Rising Holdings Limited 持有的 18.4%股权是 B 类股份，每股代表 20 票投票权；其他股东包括美国老虎基金、高瓴资本、DST 全球基金、今日资本、沙特王国投资公司、红杉资本等 PE 机构均持有的是京东 A 类普通股，每股只能代表 1 票投票权。按照数学公式计算：18.4×20/(18.4×20+81.2×1)，刘强东仍然拥有高达 82%的投票权，确保其在股东会重大决议上有绝对的话语权。

采取这种股权结构的公司还有我们熟悉的 Facebook、Google 和 Zynga，以及国内的人人网、百度、优酷和土豆。

2009 年 11 月，Facebook 调整了公司的股权结构，将所有股份分为两个级别：A 级和 B 级。A 级股和 B 级股在分红派息，以及出售时的现金价值上完全一致，唯一的区别就是代表的投票权不一样。其中每股 B 系列普通股对应 10 票投票权，而每股 A 系列普通股对应 1 票投票权，马克·扎克伯格等 Facebook 的高管通过持有 B 系列普通股来放大其对公司重大决策的话语权，实现对公司的控制。

Google 也曾用 AB 股制度来巩固创始人对公司的控制权。Google 在 2004 年上市前引入 AB 股制度，将公司股份分为 A、B 两类同价股票，两位创始人拉里·佩奇（Larry Page）和谢尔盖·布林（Sergey Brin）获分配 B 股，其他公众股东则获分配 A 股。A 股每股对应 1 票投票权，B 股每股对应 10 票投票权。Google 创始人及行政总裁持有绝大部分 B 股，实际共持有 70%以上的投票权，确保了两位创始人能以较少的持股拥有过半的投票权，从而控制大局。

2014 年 4 月，Google 又通过了一项“一拆二”拆股计划，新发行没有投票权的 C 类股票，进一步巩固创始人对公司的控制权。根据 Google 提交的监管文件，持有大量每股 10 票投票权的佩奇和布林共持有公司 56%的投票权。由于 Google 持续发放每股 1 票投票权的 A 类股票来集资收购和奖励员工，两位创始人的投票权有所下降。为了解决这一问题，Google 设置了 C 类股票，C 类股票没有投票权，可以有效抑制创始人投票权被稀释的问题。

举例说明，假如你有 200 股 A 类股票（每股 1 票投票权），那么你就有 200 票投票权。拆股后，你将拥有 200 股 A 类股票和 200 股 C 类股票。A 类股票仍将是每股 1 票投票权，C 类股票则没有投票权，因此你的投票权不变。每股 10 票投票权的 B 类股票同理。鉴于未来 Google 发放 A 类股票的可能性将大大降低，布林和佩奇的投票权被稀释问题将得到有效抑制。

AB 股制度是解决股权融资后，公司控制权和股权平衡问题的一种创新手段，在这种结构中，股份通常被划分为高、低两种投票权。高投票权的股份拥有更多的决策权，主要由高级管理者所持有。低投票权股份的投票权只占高投票权股份的 10%或 1%，有的甚至没有投票权，由一般股东持有。实行这种双重投票权模式的公司，其创始人往往本身就是大股东，或者持股数量比较多。

在现阶段，我国《公司法》规定，有限责任公司股东会会议由股东按照出资比例行使表决权；但是，公司章程另有规定的除外。这就意味着，从制度层面来讲，有限责任公司管理层股东可以在公司章程中就其出资额对应的表决权进行特别设计，包括引入复数投票权制度，给予管理层股东多倍出资额的投票权，进而放大其对公司重大决策的控制权。对于股份有限公司而言，由于股份种类的分类制度不被法律认可，因此无法通过股份种类分类设计来帮助公司管理层股东实现对公司的控制权。

2.4.2 间接持股

有时候，为了平衡各方利益或是受到法律持股比例限制，创始人无法担任企业的控股股东，也无法对企业的重大经营决策施以影响，这时不妨采取有限合伙架构，间接持股。

有限合伙由有限合伙人与普通合伙人共同组成，普通合伙人负责执行合伙企业事务，对外代表合伙企业；有限合伙人不参与企业的经营管理。有限合伙人以其出资为限承担责任，普通合伙人则对合伙债务承担无限责任，同时普通合伙人之间承担连带责任。

可以考虑让股东不直接持有公司股权，而是把股东都放在一个有限合伙里面，让这个有限合伙持有公司股权，这样股东就间接持有公司股权。同时，让创始人或其名下公司担任 GP（普通合伙人），控制整个有限合伙，然后通过这个有限合伙持有和控制公司的部分股权。除创始人外的其他股东，只能是有限合伙的 LP（有限合伙人），只享有经济收益而不参与有限合伙日常管理决策，也就不能通过有限合伙控制公司。

比如绿地集团，采用层叠的有限合伙安排，以一个注册资本为 10 万元的新公司控制约 190 亿元的资产（见图 2-8）。

（1）2014 年 1 月 27 日，绿地集团管理层成员共 43 人投资成立了上海格林兰投资管理有限公司（下称“格林兰投资”），注册资本为 10 万元，法定代表人是绿地集团董事长兼总经理张玉良。

（2）2014 年 2 月，由格林兰投资作为唯一普通合伙人，成立上海格林兰壹投资管理中心、上海格林兰叁拾贰投资管理中心等 32 家有限合伙企业（下称“小有限合伙企业”）。其中，格林兰投资只在每个企业象征性出资 1 000 元，在 32 家企业共出资 3.2 万元。

（3）2014 年 2 月 19 日，大有限合伙上海格林兰投资成立（下称“大有限合伙”），其中格林兰投资是企业法人且为有限合伙唯一的普通合伙人，上述 32 家小有限合伙企业为有限合伙人。

根据 2014 年 3 月 17 日《上海金丰投资股份有限公司第七届董事会第四十五次会议决议公告》，大有限合伙与上海绿地（集团）有限公司职工持股会（下称“职工持股会”）签署《吸收合并协议》。根据该协议，吸收合并完成后，职工持股会解散，由上海格林兰投资作为绿地集团股东，继受职工持股会的全部资产、债权债务及其他一切权利、义务，参与所有重大资产重组。

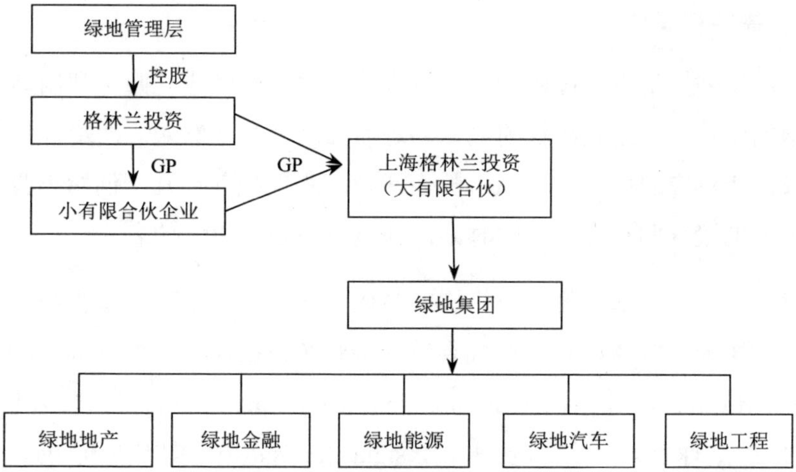

图 2-8　绿地集团股权结构

2.4.3　投票权委托

投票权委托，是指通过协议约定，某股东将其投票权委托给另一特定股东来行使，包括表决权委托、一致行动协议和创始人否决权（见图 2-9）。在这种机制之下，获得委托权的股东便可以行使比自己股份更大的投票权利，从而在公司决策中拥有更大的影响力或者控制权。

我国《公司法》规定，股份有限公司股东可以委托代理人出席股东大会会议，代理人应当向公司提交股东授权委托书，并在授权范围内行使表决权。由此可见，投票权委托在我国是可行的。

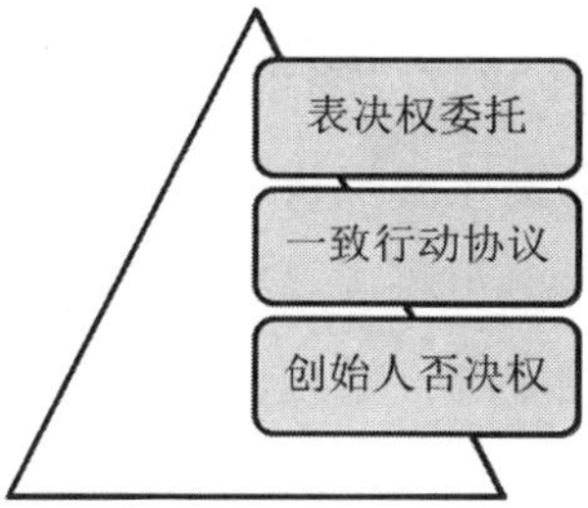

图 2-9　投票权委托的内容

1．表决权委托

表决权委托是指通过协议把投资人或小股东的表决权归集到创始人的手上，增加创始人手上表决权的数量，进而控制公司。例如，创始人只有30%的股权，所对应的也就只有30%的表决权，当他把其他几个创始小股东拥有的20%多的股权归集在一起的时候，他就有了50%以上的表决权。

京东在引进外部风险投资机构的时候，充分利用了表决权委托，要求获准进入的风险投资商将其投票权委托给刘强东自己在英属处女群岛所掌控的Max Smart Limited和Fortune Rising Holdings Limited公司行使。2014年上市前，DST全球基金、红杉资本、Insight funds、the KPCB funds、Oeland Investments II LLC、Good Fortune Capital II LLC、IGSB Internal Venture Fund II LLC、阿苏德基金、HHGL和中国人寿信托合计将443 897 179股对应的投票权委托刘强东控制的Max Smart代为执行，Kaixin Asia Ltd和Accurate Way Ltd则将9.21万股对应的投票权委托刘强东本人代为执行。通过和上述股东签署表决权委托协议，刘强东虽然持股只有18.4%（不含代持的4.3%激励股权），但却因此掌控了京东过半数的投票权，获得对公司的绝对控制权。

Facebook的创始人马克·扎克伯格也采用这种方式控制公司，他不仅持有高投票权的B类股，还与投资者签订了“表决权代理协议”，让此前10轮投资的所有机构和个人投资者，统一在某些特定的需要股东投票的场合，授权扎克伯格代表股东所持股份进行表决。且这份协议在IPO完成后仍然保持效力，这部分代理投票权为30.5%，加上其本人所拥有的28.4%的B类股，扎克伯格总计拥有58.9%的投票权，获得对Facebook的绝对控制权。

阿里巴巴也存在表决权委托的安排，马云在公司上市前所占股比为8.8%，管理层总计14.6%；软银34%；雅虎22%。马云通过与软银和雅虎签订表决权委托协议，获得软银和雅虎的投票权，从而实现了对公司的实际控制。

2．一致行动协议

一致行动协议是指创始股东与其他小股东一起签署一个协议，就公司的事项进行表决的时候依照统一的意志去表决，当其他股东与创始股东意见不一致的时候，按照创始股东的意志进行表决。

一致行动协议内容通常体现为一致行动人同意在其作为公司股东期间，在行使提案权、表决权等股东权利时做出相同的意思表示，以其中某方意见作为一致行动的意见，以巩固该方在公司中的控制地位。

腾讯创始团队曾与大股东 MIN 签署一致行动协议，约定：双方向腾讯集团各公司任命等额董事，而且在上市公司主体中双方任命的董事人数总和构成董事会的多数，从而实现了双方对上市公司和下属各公司的共同控制。

一致行动协议的认定包括四个基本点（见图 2-10）：采取“一致行动”的法律依据是协议、合作、关联方关系等合法方式；采取“一致行动”的手段是行使目标公司的表决权；采取“一致行动”的方式是采取相同意思表示；采取“一致行动”的目的是为了扩大其对目标公司股份的控制比例，或者巩固其对目标公司的控制地位。

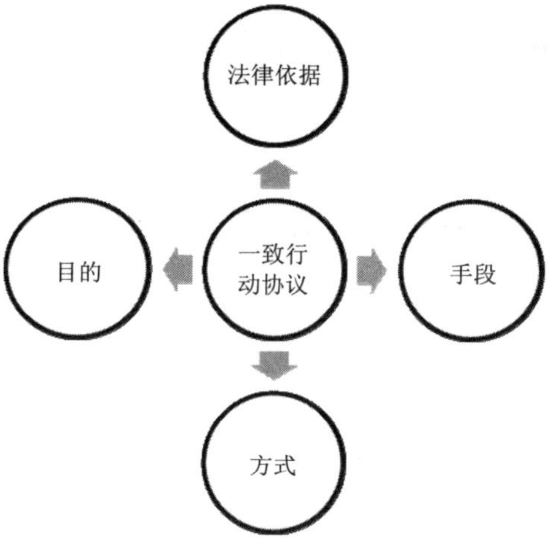

图 2-10　一致行动协议的四个基本点

签订一致行动协议的目的是为了明确、稳定公司的控制权，操作中要注意以下要点（见图 2-11）。

图 2-11　一致行动协议的操作要点

1）参与一致行动的股东

除大股东外，其他对公司有影响力的小股东一样可以成为参与一致行动的股东。例如，江海股份在公司 IPO 前，公司股东香港亿威投资有限公司直接持有 6 000 万股股份，占总股本的 50%；其他 47 名自然人股东（内地股东）合计持有 6 000 万股股份，占总股本的 50%。但根据该公司披露信息，公司由香港亿威投资有限公司和内地股东共同控制，而非香港亿威投资有限公司单独控制。其具体原因就是 47 名自然人股东中有 46 名自然人股东已签署《委托协议书》，授权公司股东、董事长陈卫东先生代为行使其持有公司股份所享有的股东大会的投票权、提案权、提名权、临时股东大会的召集权。这样公司就形成了两大表决主体，即香港亿威投资有限公司与陈卫东代表的自然人股东。

2）参与股东持股数额

一致行动人应当合并计算其所持有的股份，因此在确认一致行动协议时，要明确各股东持有的公司股份数额。投资者计算其所持有的股份时，应当包括登记在其名下的股份和登记在其一致行动人名下的股份。一般情况下，一致行动协议均采用此种认定方式。例如，在星奥股份案例中，杨亚中、李明勇、陈斌三人直接持有公司股权的比例一直保持在 34%、33%、33%，均对公司形成重大影响；但任何一人凭借其股权均无法单独对公司股东大会决议、董事会选举和公司的重大经营决策实施决定性影响。正是因为公司的股权结构特点，所以要签署一致行动协议来明确公司的控制权问题。

3）签署一致行动协议的目的

签署一致行动协议的目的是为取得公司的实际控制权，因此，要注意协议签署后按照各股东所持股份比例，是否能真正获得控制权。例如，在欧萨咨询披露的信息中，该公司股东国淳创投、王小兵、张朝一、伍波、夏志玲、国际创投分别持有公司 30.71%、25.93%、25.93%、6.22%、6.22%、5.00%的股份。公司第一大股东为国淳创投，但股东王小兵与张朝一通过签署一致行动协议，合并持股 51.86%，掌握了公司的实际控制权。

4）一致行动意思表示及矛盾解决方式

一致行动旨在约定一致行动人在股东大会、董事会的提案、表决等行为保持一致行动。换言之，一致行动人应在股东大会、董事会召开前达成一致的表决意见。因此，在一致行动协议中应该明确一致表决意见形成的方式及切实有效的矛盾解决方式。

例如，在神农大丰的创始人黄培劲与柏远智等其他 10 位自然人股东签署的一致行动协议中，约定如下：

（1）各方确认，自作为神农大丰的股东以来，在神农大丰的历次股东大会对相关事项表决时，各方均保持了一致。

（2）本协议签署后，在处理有关需经神农大丰股东大会审议批准的事项时，各方应采取一致行动。采取一致行动的方式为，在向股东大会行使提案权和在股东大会上对相关事项行使表决权时保持一致。

（3）任何一方拟向股东大会提出议案时，须与其他方进行充分沟通协商，在取得一致意见后，由各方共同向股东大会提出议案。

（4）股东大会召开前，各方应就股东大会拟进行表决的议案进行充分沟通协商，就行使何种表决权达成一致意见，并按照该一致意见在股东大会上对该等议案行使表决权。为保证本规定得以执行，在股东大会对相关事项进行表决时，10 位自然人股东先应将填写好的表决票提交给黄培劲确认，再由黄培劲将各方的表决票一并提交给收票人。柏远智等 10 位股东任何一方因任何原因不能参加股东大会，应委托黄培劲或黄培劲指定的人代表其参加股东大会，并授权黄培劲或黄培劲指定的人按前述规定代其行使表决权。

（5）任何一方违反本协议约定，应在不违背法律、法规、规章、有关规范性文件和神农大丰章程的前提下，采取有效措施消除其违约行为所带来的影响。柏远智等 10 位股东中的任何一方如发生两次以上（包括两次）违反本协议规定的行为，黄培劲有权要求该等违约方将其对股东大会的提案权和在股东大会上的表决权在本协议的有效期内授权黄培劲行使。在授权期限内，该等违约方不得再亲自行使提案权和表决权。

（6）协议自各方签署之日起生效，至神农大丰首次公开发行的股票上市交易之日起满 36 个月后失效。同时，柏远智等 10 位自然人股东承诺，自发行人股票上市之日起，在公司连续服务年限不少于三年。

3. 创始人否决权

表决权委托和一致行动协议是增大创始人控制权的进攻性策略，否决权则是一种防御性策略。当上述两种方式不能实现的时候，否决权显得尤为重要。

创始人否决权是指，对于公司有重大影响的事件，如投资、担保、质押、解散、清算、分立、合并、控制权转让、重要资产重组、主营业务变更、重大对外并购、公司预算决算、变更董事会组成规则或人员、聘请与更换审计师、上市、重大人事任免、股权激励等，在符合法律规定的表决方式下，还必须得到核心创始人的同意或赞成表决方可通过并实施。

比如，我们可以在章程中写入类似条款：

有关公司投资、担保、质押、解散、清算、分立、合并、控制权转让等影响公司经营管理的重大事项，必须获得核心创始人的赞成表决方可通过并实施。

2.4.4　控制董事会

董事会是公司事务的执行机构，对股东会负责，行使下列职权：

（1）召集股东会会议，并向股东会报告工作。

（2）执行股东会的决议。

（3）决定公司的经营计划和投资方案。

（4）制订公司的年度财务预算方案、决算方案。

（5）制订公司的利润分配方案和弥补亏损方案。

（6）制订公司增加或者减少注册资本及发行公司债券的方案。

（7）制订公司合并、分立、解散或者变更公司形式的方案。

（8）决定公司内部管理机构的设置。

（9）决定聘任或者解聘公司经理及其报酬事项，并根据经理的提名决定聘任或者解聘公司副经理、财务负责人及其报酬事项。

（10）制定公司的基本管理制度。

（11）公司章程规定的其他职权。

在公司架构中，董事会与股东会是两个相对独立的机构，董事会由股东会投票选举产生或者股东委派产生，股东会往往无权直接干预董事会依据法律和公司章程行使日常经营决策的权利。特别是在初创企业中，很少通过股东会的控制权来参与公司日常经营，一般情况下，公司的日常经营都由董事会决定。因此，如果能控制董事会，也就控制了公司的日常经营管理。

董事会议事方式实行一人一票，做出决议必须经全体董事的过半数通过。因此，只要能掌握过半数的董事席位，也就获得了多数的表决权。

在实践中，我们可以通过以下几种方式控制董事会。

1．控制公司股东会

持有公司大部分股权，将股东会决策权掌握在自己手中，自然也就控制了董事会。

2．控制董事的产生方式

董事一般由股东会投票选举、股东委派，或者董事会提名产生，甚至还可以公开召集候选人，其中董事会提名最常见，创始人不妨将对自己有利的提名方式写入章程。

例如，阿里巴巴规定阿里巴巴合伙人在集团上市后将拥有独家提名多数董事会成员的权利，但董事提名候选人必须在一年一度的股东大会上获得大部分票数的支持，方可成为董事会成员。而根据马云、蔡崇信、软银和雅虎达成的一致行动协议，在未来的股东会上，软银和雅虎要支持阿里巴巴合伙人提名的董事候选人及软银委派的一名董事。

3．对董事的资格进行审查

通过公司章程规定董事会成员的任职资格，如工作年限、持股比例、品行、贡献等，并在选举过程中严格审查候选人资质，过滤掉和自己利益相反的候选人，提前控制董事会。

4．限制董事的更换数量

可以通过公司章程规定每年改选董事的数量，或者设置更换董事的比例，以保持原控制人在董事会中的优势地位。

5．限制股东提名董事的人数

通过公司章程规定股东提名董事的人数，或者规定由董事会根据股东股权结构确定选举或改选的董事名额，以维持创始人在董事会中的优势地位。

例如，京东在股东协议中规定，公司（上市前）最多设立 11 名董事，其中 A、B、C 轮及上市前的领投人（今日资本、雄牛资本、高瓴资本和老虎基金）在持股数不低于各自相应约定的持股下限的情况下，分别有权任命一名董事，腾讯有权委派一名董事。也就是说，在董事会席位中，刘强东及其团队占据 6 席，投资人占据 5 席，投票权比例为 6∶5，刘强东牢牢把握着公司的控制权。

6．设置特别表决事项

公司章程将一些重要事项列为董事会的特别表决事项，如董事提名、董事长选举、对外投资、融资及担保等，可以防止董事会控制权旁落。

2.5　案例：阿里巴巴控制权争夺的攻与防

2014 年阿里巴巴 IPO 后，其股权结构如下（见图 2-12），但马云及其团队依旧能以少量的股权控制阿里巴巴。这是为什么呢？究其原因，合伙人制度功不可没。

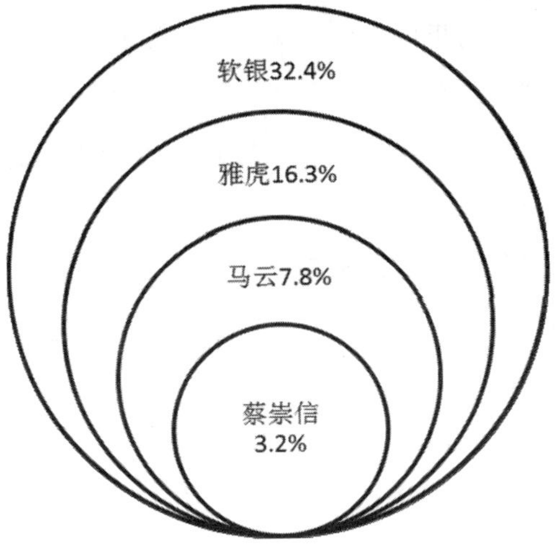

图 2-12　阿里巴巴 IPO 后的股权结构

阿里的合伙人制度又称为湖畔合伙人制度，源自 15 年前马云等创始人创建阿里的地点——湖畔花园。它和法律层面上的合伙制是不一样的，其主旨是通过制度安排，保证核心创始团队对公司的控制权并传承他们所代表的企业文化，是一种特殊的合伙人制度（见图 2-13）。截至 2015 年 12 月底，阿里巴巴的合伙人有 34 人，分布在淘宝、阿里巴巴、蚂蚁金服、菜鸟网络、农村淘宝、小微金融等多个事业群，横跨人事、财务、法务、技术、运营等多个领域。

图 2-13　阿里合伙人制度的特殊性

1．特殊的合伙人身份

阿里巴巴要求合伙人必须在公司服务满 5 年，且持有公司一定的股份，但是合伙人退休或离开阿里巴巴将丧失合伙人资格（永久合伙人除外），这与只要持有公司股份就能保持股东身份不同。在阿里巴巴集团内部，董事会拥有极高的权力，但阿里合伙人的主要权力是董事会成员提名权，并没有管理公司的权力。也就是说，合伙人拥有人事控制权，而非公司运营的直接管理权，这和合伙企业中合伙人往往还担任公司董事、直接参与公司运营管理不同。我国《合伙企业法》规定，在有限合伙制企业内，普通合伙人与有限合伙人享有不同的权利，承担区别的责任。普通合伙人执行合伙事务，有限合伙人不参与合伙企业的经营；有限合伙人以其认缴的出资额为限对合伙企业债务承担责任，普通合伙人对合伙企业的债务承担无限连带责任。但在阿里巴巴集团内部，合伙人的职责主要体现在完成和推广阿里巴巴的使命、愿景和价值观，并没有财产经济责任。也就是说，阿里合伙人履职的责任主要是精神和身份层面的，没有具体的财产赔偿责任。

2．玄妙的董事提名权

对于阿里巴巴的合伙人制度，最玄妙的当属其中的“董事提名权”。阿里巴巴的招股书中提到，“依据公司章程，阿里巴巴集团上市后，阿里巴巴合伙人有权提名阿里巴巴过半数董事（50%以上），提名董事需经股东会投票过半数支持方可生效”。

从表面上看，阿里巴巴的合伙人拥有的仅仅是董事的提名权，而非决定权。但是结合阿里巴巴的章程，不难发现其中暗藏玄机。

（1）阿里巴巴合伙人拥有提名简单多数（50%以上）董事会成员候选人的专有权。

（2）被合伙人提名的董事需要得到年度股东大会投票过半数的票数才能成为董事会成员。

（3）如果阿里巴巴合伙人提名的候选人没有被股东选中，或选中后因任何原因离开董事会，则阿里巴巴合伙人有权指定另一人成为过渡董事填补空缺，直到下届年度股东大会召开。

（4）在任何时间，不论因任何原因，当董事会成员人数少于阿里巴巴合伙人所提名的简单多数时，阿里巴巴合伙人有权指定不足的董事会成员，以保证董事会成员中简单多数是由合伙人提名的。也就是说，无论阿里巴巴合伙人提名的董事股东会是否同意，阿里巴巴合伙人总能让自己人行使董事的权利。

（5）在下一届的股东大会上，过渡董事或阿里巴巴合伙人所指定的替代董事候选人将参加原提名的候选人所属的董事类别选举。

（6）如果要修改章程中关于合伙人提名权的相关条款，则必须要在股东大会上得到 95%的到场股东投票或委托投票，增加合伙人制度变更的难度。

不仅如此，阿里巴巴还和软银、雅虎达成投票协议，进一步巩固合伙人对公司的控制权：①软银承诺在股东大会上投票支持阿里合伙人提名的董事当选，未经马云及蔡崇信同意，软银不会投票反对阿里合伙人的董事提名。②软银将其持有的不低于阿里 30%的普通股投票权置于投票信托管理之下，并受马云和蔡崇信支配。鉴于软银有一名董事的提名权，因此马云和蔡崇信将在股东大会上用其所拥有和支配的投票权支持软银提名的董事当选。③雅虎将动用其投票权支持阿里合伙人和软银提名的董事当选。

依靠上述计划，在现实中，阿里巴巴的合伙人已经实际控制了公司半数以上的董事。招股前，阿里巴巴的董事会成员为9人，其中有4人由合伙人提名；招股结束后，合伙人可以再提名2人，届时董事会成员增加至11人。

阿里巴巴合伙人的董事提名权，加上和软银、雅虎达成的投票协议，章程中有关修改提名权的限制性规定，以及马云、蔡崇信作为阿里巴巴合伙人团队中永久合伙人的优势，将有利于巩固马云及其团队对阿里巴巴的控制权。

3. 合伙人委员会

合伙人委员会是阿里合伙人制度的核心，由5位合伙人组成，每一届任期三年，可以连任。目前阿里巴巴的合伙人委员会由5人组成，包括马云、蔡崇信、陆兆禧、彭蕾和曾鸣。

合伙人委员会有三项核心职能：①审核新合伙人的提名，并负责管理合伙人选举。也就是说，任何被提名的候选合伙人必须经过合伙人委员会的确认才能成为正式的候选人。②推荐并提名董事人选。③提议和执行阿里高管年度奖金池分配。阿里合伙人委员会可以向董事会的薪酬委员会提议高管的年度奖金池，并在董事会表决后，在董事会的薪酬委员会同意下给公司管理人员和合伙人分配奖金。

4. 完善的进入、退出机制

1）进入机制

根据阿里巴巴公布的资料显示，阿里巴巴合伙人的任职资格中的“客观”条件很简单：为阿里巴巴或密切关联公司工作5年以上。其他条件，诸如“必须具有非常正直的人品、对公司发展有积极贡献，以及能传承公司文化或者愿为公司价值观竭尽全力”，都十分“主观”。但是，阿里巴巴要求每位合伙人必须拥有一定的阿里股份，由此可见，能够成为阿里合伙人的基本都是通过公司的股权激励制度获得了阿里股权的高管。

2）退出机制

根据阿里公布的资料，阿里的合伙人符合以下某一情形的，就丧失了合伙人的资格：

（1）60 岁时自动退休。

（2）自己随时选择退休。

（3）离开阿里巴巴工作。

（4）死亡或者丧失行为能力。

（5）被合伙人会议 50%以上投票除名。

3）永久合伙人和荣誉合伙人

阿里规定，永久合伙人将一直存在，除非其自己选择退休、死亡，或丧失行为能力，或被选举除名。目前阿里的永久合伙人只有马云和蔡崇信。永久合伙人可以由选举产生，也可以由退休的永久合伙人或在职的永久合伙人指定。如果永久合伙人不再是阿里巴巴的职员，则无法得到奖金池的奖金分配，除非他仍然是荣誉合伙人。此外，退休的合伙人还可以被选为荣誉合伙人。荣誉合伙人无法行使合伙人的权利，但是能够得到奖金池的一部分分配。

阿里的合伙人制度，依靠完善的进入、退出机制，玄妙的董事提名权，将公司的控制权在形式上归于 30 人左右的核心高管团队——合伙人会议，防止创始人及其团队在对外融资中失去公司的控制权；同时，作为一个与公司管理层有密切关系，为公司的经营发展提供支持的机构，亦对传承公司文化与价值观，促进公司积极、健康发展发挥了重大作用。

第 3 章

股权众筹：互联网时代白手起家的众创新模式

众所周知，银行融资条件十分苛刻，贷款利率高不说，还要求担保或资产抵押，这对于创业阶段的中小企业来说很难做到；相比之下，股权众筹融资就容易很多，不需要担保或抵押，通过众筹平台，项目发起人只需要付出公司一部分股权，就可以获得资金，相当于白手起家。

3.1　互联网时代的众筹生态

在日新月异的互联网时代，“互联网”概念已渗入每个人的生活中，改变着人们对传统行业的认识，极大地丰富了商业模式、消费模式与融资模式。众筹由此应运而生，并迅速得到了广泛认可，成为时下最受欢迎的融资模式之一。

3.1.1　股权众筹的主体

“众筹”源于国外的“crowdfunding”一词，即发动群众的力量，为个人或某项活动筹措资金。股权众筹是指以股权作为回报，向大众筹资，获取发展所需的资金。股权众筹具有门槛低、解决企业融资难、依靠大众的力量、带动社会经济良好发展的特点。

股权众筹的参与主体包括筹资人、出资人、众筹平台和托管人（见图 3-1）。2014 年 12 月，国家发布了《私募股权众筹融资管理办法（试行）》征求意见稿，对股权众筹的主体做了详尽规定。

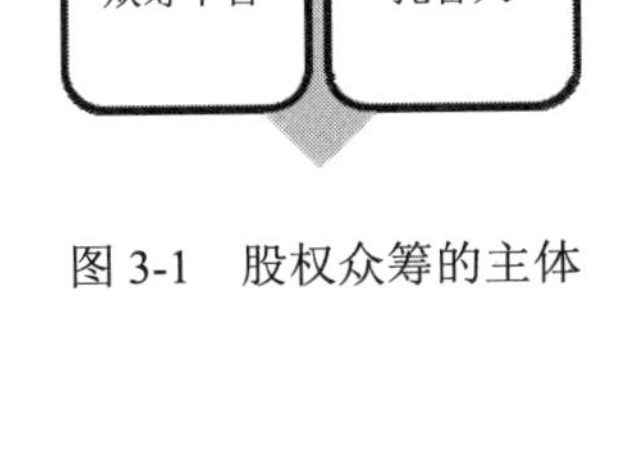

图 3-1　股权众筹的主体

1. 筹资人

筹资人通常是指在融资过程中需要资金的中小微企业或其发起人，他们通过众筹平台发布企业或项目融资信息及可出让的股权比例。

筹资人应当履行下列职责：

（1）向股权众筹平台提供真实、准确和完整的用户信息。

（2）保证融资项目真实、合法。

（3）发布真实、准确的融资信息。

（4）按约定向投资者如实报告影响或可能影响投资者权益的重大信息。

（5）证券业协会规定和融资协议约定的其他职责。

筹资人不得有下列行为：

（1）欺诈发行。

（2）向投资者承诺投资本金不受损失或者承诺最低收益。

（3）同一时间通过两个或两个以上的股权众筹平台就同一融资项目进行融资，在股权众筹平台以外的公开场所发布融资信息。

（4）法律法规和证券业协会规定禁止的其他行为。

2. 出资人

出资人往往是普通大众，他们通过互联网了解各种投资项目，并对自己觉得有价值的创业企业或项目进行小额投资，待筹资成功后，出资人获得创业企业或项目一定比例的股权。

出资人应当履行下列义务：

（1）向股权众筹平台提供真实、准确和完整的身份信息、财产、收入证明等信息。

（2）保证投资资金来源合法。

（3）主动了解众筹项目投资风险，并确认其具有相应的风险认知和承受能力。

（4）自行承担可能产生的投资损失。

（5）证券业协会规定和融资协议约定的其他职责。

3．众筹平台

众筹平台是指利用互联网技术，为股权众筹投、融资双方提供信息发布、需求对接、协助资金划转，并在筹资成功后负有一定监督义务的媒介机构。

股权众筹平台应当具备下列条件：

（1）在中华人民共和国境内依法设立的公司或合伙企业。

（2）净资产不低于 500 万元人民币。

（3）有与开展私募股权众筹融资相适应的专业人员，具有 3 年以上金融或者信息技术行业从业经历的高级管理人员不少于 2 人。

（4）有合法的互联网平台及其他技术设施。

（5）有完善的业务管理制度。

（6）证券业协会规定的其他条件。

众筹平台应当履行下列职责：

（1）勤勉尽责，督促投、融资双方依法合规开展众筹融资活动、履行约定义务。

（2）对投融资双方进行实名认证，对用户信息的真实性进行必要审核。

（3）对融资项目的合法性进行必要审核。

（4）采取措施防范欺诈行为，发现欺诈行为或其他损害投资者利益的情形，及时公告并终止相关众筹活动。

（5）对募集期资金设立专户管理，证券业协会另有规定的，从其规定。

（6）对投、融资双方的信息、融资记录及投资者适当性管理等信息及其他相关资料进行妥善保管，保管期限不得少于 10 年。

（7）持续开展众筹融资知识普及和风险教育活动，并与投资者签订投资风险揭示书，确保投资者充分知悉投资风险。

（8）按照证券业协会的要求报送股权众筹融资业务信息。

（9）保守商业秘密和客户隐私，非因法定原因不得泄露融资者和投资者的相关信息。

（10）配合相关部门开展反洗钱工作。

（11）证券业协会规定的其他职责。

股权众筹平台不得有下列行为：

（1）通过本机构互联网平台为自身或关联方融资。

（2）对众筹项目提供对外担保或进行股权代持。

（3）提供股权或其他形式的有价证券的转让服务。

（4）利用平台自身优势获取投资机会或误导投资者。

（5）向非实名注册用户宣传或推介融资项目。

（6）从事证券承销、投资顾问、资产管理等证券经营机构业务，具有相关业务资格的证券经营机构除外。

（7）兼营个体网络借贷（P2P 网络借贷）或网络小额贷款业务。

（8）采用恶意诋毁、贬损同行等不正当竞争手段。

（9）法律法规和证券业协会规定禁止的其他行为。

4. 托管人

托管人是众筹平台为保证各出资人的资金安全，监督筹资人将资金切实用于创业企业或项目，以及筹资不成功的及时返回而选定的履行资金托管职责的人，一般由专门银行担任。

3.1.2　股权众筹的模式

在现阶段，股权众筹的运作模式主要为“领投+跟投”，即在众筹过程中由一位经验丰富的专业投资人作为“领投人”，众多跟投人选择跟投。这种模式最初发源于美国硅谷一家致力于连接种子期初创企业与天使投资人的线上融资平台——AngelList。AngelList 把这种创新性的模式称之为 Syndicate（辛迪加），又可以翻译为联合投资体模式。

在 AngelList 的“领投+跟投”模式中，一般作为领投人的天使投资人负责挑选和审核项目，并且首先投入融资额的一定比例，其余投资人选择跟随领投人抱团合投。同时在融资完成后，由领投人负责项目后续的监督和管理（见图 3-2）。

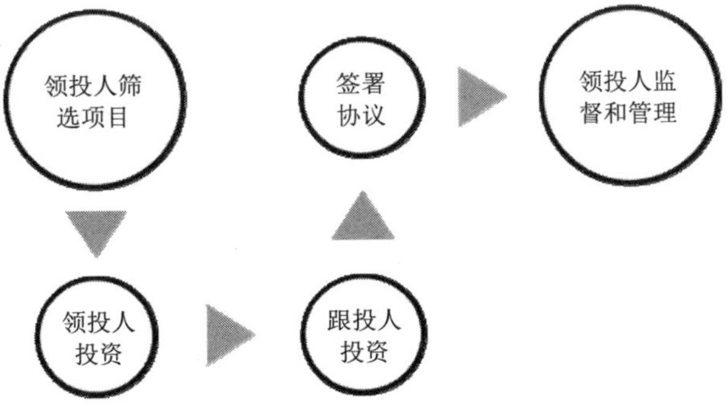

图 3-2　“领投+跟投”流程

在这种模式下，创业企业不需要面对数不胜数的股权众筹投资人，只需要和领投人保持紧密沟通即可，向领投人展示企业信息，与领投人谈判、签署协议，既节省了时间、精力，又加快了融资速度；同时，直面领投人一人，避免让众多投资人参与到投资决策和投后管理中，可以防止企业信息的过分泄漏或陷入投资纠纷。

3.1.3 众筹平台的选择

众筹平台的兴起为广大创业者提供了一条便捷的融资渠道，但在现阶段，众筹平台五花八门、良莠不齐，究竟如何才能选择优秀的众筹平台就成为创业者需要重视的问题。

截至 2016 年 9 月 30 日，正在运营中的股权众筹平台共有 225 家，按照已完成项目的融资金额排序，股权众筹平台前十名如表 3-1 所示。

表 3-1 股权众筹平台前十名（按照已完成项目的融资金额排序）

排　名	股权众筹平台	融资金额（万元）
1	筹道	777 176
2	京东东家	127 951
3	人人投	80 862
4	众投邦	60 816
5	爱就投	53 402
6	36 氪	28 200
7	众投港	27 360
8	天使客	25 704
9	长江众筹	24 693
10	投壶网	23 075

按照已完成融资项目的数量排序，股权众筹平台前十名如表 3-2 所示。

表 3-2 股权众筹平台前十名（按照已完成融资项目的数量排序）

排　名	股权众筹平台	成功项目数量（个）
1	人人投	326
2	聚募众筹	136
3	京东东家	107
4	平安众+	106
5	众筹客	85
6	筹趣网	62

续表

排　　名	股权众筹平台	成功项目数量（个）
7	天使街	59
8	大家投	49
9	牛投众筹	47
10	多彩投	46

按照股权众筹平台注册会员人数排序，股权众筹平台前十名如表 3-3 所示。

表 3-3　股权众筹平台前十名（按照股权众筹平台注册会员人数排序）

排　　名	股权众筹平台	注册用户人数（人）
1	人人投	2 847 502
2	融 e 邦	155 548
3	汇梦公社	104 480
4	粤科创投界	90 472
5	京东东家	75 825
6	牵投	58 707
7	山东众筹网	48 814
8	众投邦	46 955
9	云岸金服	43 058
10	爱就投	39 271

对于创业者而言，选择合适的众筹平台意味着融资成功的概率更大（见图 3-3）。

图 3-3　选择合适的众筹平台

1. 选择正规的众筹平台

股权众筹与网贷行业类似，本身就具有法律风险，因此，一个平台是否合法合规，是企业决定是否在其平台众筹的基础。企业可以从工商局、工信部、基金协会查询网站是否具备相关资质，相关业务是否正规、合法，有没有 ICP 证书；如果涉及私募基金业务，是否进行私募基金登记备案，是否具备私募基金管理人资质，有没有资格参与私募基金的管理与销售。

2. 选择专业性强的平台

虽然目前市场上的众筹平台数量很多，但其中和创业者项目相吻合的并不多。因此，创业者在选择众筹平台时，应优先考虑与自身项目定位相投的众筹平台。比如，京东众筹，依托京东商城在消费电子产品领域的知名度及专业性，京东股权众筹平台天然拥有智能硬件产品众筹的优势；91 投房，背靠 58 同城集团，天然拥有房地产项目众筹的知名度与传播度；淘宝众筹，来自阿里巴巴，包含科技、农业、动漫、设计、影视、音乐、书籍等类别，是中国最大的互联网创业融资平台；人人投则专注于实体连锁大消费，针对的项目以身边的特色店铺为主。

3. 选择融资周期短、成功率高的平台

无论选择什么样的众筹平台，融资到位都是最终目的。对于创业者来说，创业环境瞬息万变，只有更快地融到钱才能早一天启动项目，多一丝成功的机会。因此，创业者在选择众筹平台时，需要对平台进行综合考量，一方面可以参考平台上面展示的过往项目众筹案例，看看总体融资周期多长，融资成功率多高；另一方面，也可以参考用户的项目评论，了解过往融资项目的真实性、平台的优势与劣势。

4. 选择附加值高的平台

高附加值的众筹平台，对项目的后续发展有巨大帮助。创业者在参与股权融资的过程中，可以接受众多投资人对项目的审视和考察，获得更多的融资机会、项目建议、媒介资源，这都有利于创业者及时修正自己的创

业项目。比如，人人天使众筹平台就通过为企业众筹消费者来提高其消费增值附加值，提升单次消费金额和消费频率，缓解企业现金流，为企业实现利益最大化。天使汇众筹平台（见图 3-4）则联合深交所、中关村为创业者打造的户外传播媒体，方便创业者在黄金地段展示项目，聚集人气，而其提供的闪投服务、上午路演的项目，经过下午和投资人一对一的密谈之后，傍晚就能签订投资意向书。壹百倍加速器是投资者同时面对 16 位天使投资人宣传自己的项目，成功之后当场就可获得 50 万～300 万元的投资资金，并且还会获得投资人为期 100 天的项目指导。

图 3-4　天使汇官网

众筹平台，其实是一个资金、产品、媒介、渠道、资源共存的新兴生态圈，不单单是筹钱，还可以筹人、筹智、筹资源。初创企业除缺资金外，最缺的还有种子用户、渠道和资源及对产品的充分反馈。众筹平台的投资者们来自各行各业，往往拥有丰富的经验与渠道资源，对项目有不同的理解，其中不乏非常专业的人员，如果能从他们身上“取经”，将使创业团队获得初始流量的积累与第一手的客户体验反馈，对产品的更新迭代将非常有利。

3.2　股权众筹运作流程

股权众筹一般经过以下几个步骤（见图 3-5）。

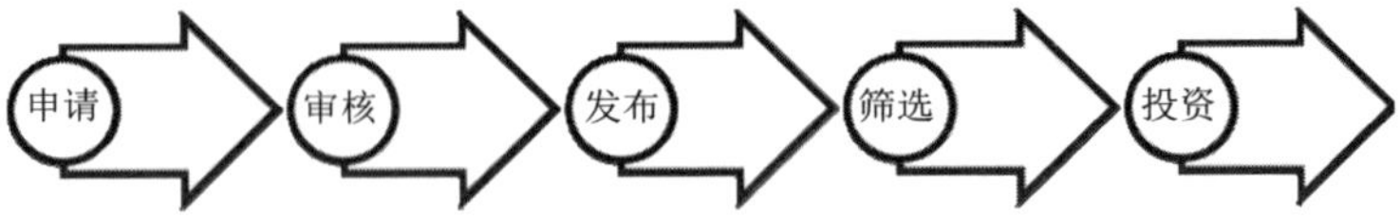

图 3-5 股权众筹运作流程

第一步，企业或项目发起人向股权众筹平台申请股权众筹服务，提交项目策划书或商业计划书，并设定拟筹资金额、可让渡的股权比例及筹款的截止日期，双方签订合作协议。

第二步，股权众筹平台对创业项目进行初审，包括资料的真实性、可靠性、可执行性、风险性、商业模式及投资价值，并提出反馈意见，必要时要求发起人补充相关材料。

第三步，股权众筹平台对项目进行终审，终审通过后在网络上发布相应的项目信息和融资信息，进入线上融资。

第四步，投资人对众筹平台的众多项目进行筛选，发现有价值的项目后，可以选择约谈项目发起人了解详情，必要时也可以对企业进行实地考察，与创业企业签署《投资意向书》、拟定投资条款、确定自身投资额度并拟写投资建议书。

第五步，目标期限截止，筹资成功的，平台按照收付款规则将筹集金额拨付筹资人，出资人与筹资人签订正式《投资协议书》，并开始实施后续投后管理，包括发展战略规划、现代化企业制度建立、市场运营等；筹资不成功的，资金退回给各出资人。

3.3 股权众筹的生死演进

作为一种极具生命力和成长空间的金融创新业务，股权众筹吸引了众多的金融机构、资本巨头与企业进场，为新创企业提供资金、人脉与资源，极大地促进了新创企业的成长；但同时，目前我国法律对这一方面的监管还不完善，加之股权众筹和 P2P 网贷有很多相似之处，一旦操作失误，股权众筹很容易因为碰触到法律“红线”而引发纠纷。

3.3.1　股权众筹成功的四大核心

一个绝妙的创意，可能需要一大笔资金的支持，怎么办？不妨考虑股权众筹，门槛低、多样性、依靠大众力量、注重创意的特征，相比传统的融资方式更为开放，但如何才能成功筹到资呢？把握以下几个核心技巧很关键（见图 3-6）。

图 3-6　股权众筹成功的核心技巧

1．引发共鸣

无论是宣传视频还是产品故事，都要能打动人心，让受众产生共鸣，让他们相信你的产品将会改变他们的生活，可以引发他们快乐的情绪，或使他们无比感动。

比如，京东众筹上的“咚咚爱家”宣传语：面对空巢老人的孤寂，来不及问候，来不及陪伴。咚咚爱家，可联天下父母心（见图 3-7）。短短一句话，戳中万千受众的心，然后告诉受众咚咚爱家是一款关爱空巢家庭的爱家产品，无论多远都能关爱爸妈，既煽情，又有说服力，怎能不打动人心，让人自觉支持。

另外，在众筹网站上进行宣传的时候，除向观众展示产品外，还要告诉受众你是谁、有什么魅力，让他们知道你、了解你、信任你，最好爱上你。

图 3-7　京东众筹上的“咚咚爱家”宣传语

2. 做好推广

对于众筹来说，推广就像氧气，只有充足的氧气才能让项目更快地发展。利用一切可能的渠道宣传你的产品、团队、品牌，如微博、微信、QQ、社交网站、贴吧、论坛、亲朋好友、同事邻里，为项目预热，寻找潜在的支持者，并定期将众筹项目的进展情况分享到这些平台，提高众筹项目的曝光率。

例如，小牛电动车在众筹前就开始进行产品预热，先是炒作和宣传创始人李一男，让用户关注其旗下品牌；接着炒作和推广小牛产品，扩大品牌知名度，让很多消费者把这个新品牌当成名牌，把小牛电动车视为最高端的车，提高众筹的关注度。

3. 突出亮点

众筹平台上的项目千千万万，投资人没空看你的长篇大论，只有突出亮点，才能在第一时间抓住投资者的眼球。

例如，已在淘宝众筹上众筹成功的斑点猫物联网智能指纹锁对其亮点的展示，既全面又简洁（见图 3-8）：孩子回家，即刻知晓；隐蔽报警，安全无忧；APP 设置，一教就会；设备互联，安全升级；指纹开门，使用方便。几句话，突出了产品创新、实用、智能、简单易用的特性。

图 3-8　斑点猫物联网智能指纹锁的亮点展示

4. 提供奖励

提供一些简单、有创意的奖品，或者专属的体验，可能更容易聚集人气。比如，为一本书众筹，可以推出一个“支持一下，与作者共进晚餐”的奖励计划；想开发一个应用程序，可以将贡献最大的支持者作为用户头像；想设计一款产品，可以为支持者附赠限量款礼物。

需要注意的是，好的奖励应该是排他性的、稀缺的，真正只属于你这个活动的。具体来说，筹资者应该根据众筹产品或项目面对的社群属性，设置一个质优价低、显而易见的奖励方式，吸引大众参与。鉴于 62%的成功众筹活动拥有重复的资助者，一旦他们参与进来了，你增加的一套奖励方式，将有希望再次向他们筹款。

例如，在淘宝成功众筹的蓝印花布（见图 3-9），根据支持档位提供了纯手工制作、健康无害的蓝印花布小物件，如青花零钱包、小小名片夹、手绢、布盘、幸运香囊等，来回报支持者。

图 3-9　淘宝蓝印花布众筹

3.3.2　股权众筹需要防范的法律风险

与其他融资模式相比，我国股权众筹尚处于起步阶段，虽然发展空间很大，但也存在着诸多问题，其中股权众筹融资过程中所蕴藏的法律风险更是企业不容忽视的（见图 3-10）。

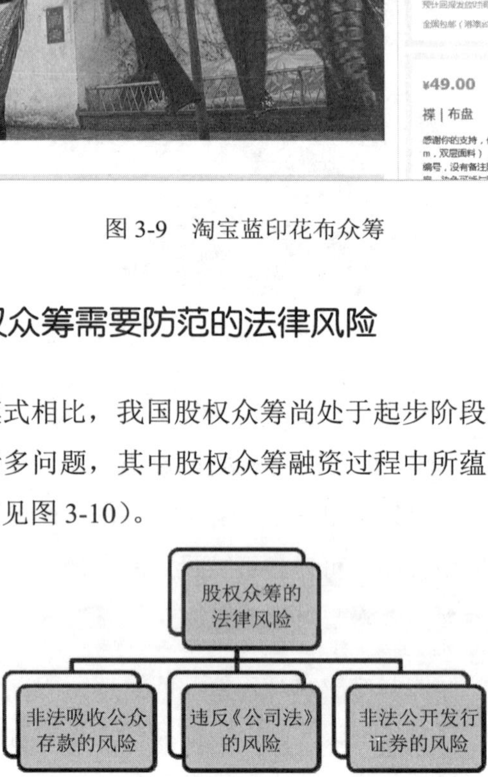

图 3-10　股权众筹的法律风险

1. 非法吸收公众存款的风险

2010 年 12 月《最高人民法院关于审理非法集资刑事案件具体应用法律若干问题的解释》第一条规定，“违反国家金融管理法律规定，向社会公众（包括单位和个人）吸收资金的行为，同时具备下列四个条件的，除刑法另有规定的以外，应当认定为刑法第一百七十六条规定的‘非法吸收公众存款或者变相吸收公众存款’：（一）未经有关部门依法批准或者借用合法经营的形式吸收资金；（二）通过媒体、推介会、传单、手机短信等途径向社会公开宣传；（三）承诺在一定期限内以货币、实物、股权等方式还本付息或者给付回报；（四）向社会公众即社会不特定对象吸收资金。

最新出炉的《私募股权众筹融资管理办法（试行）》中明确规定，融资者不得公开或采用变相公开方式发行证券，不得向不特定对象发行证券。融资完成后，融资者或融资者发起设立的融资企业的股东人数累计不得超过 200 人。法律法规另有规定的，从其规定。

由于股权众筹通过互联网进行筹资，很容易被认定为属于公开向不特定对象募集资金而涉嫌非法集资。

2. 违反《公司法》的风险

我国《公司法》规定，非上市公司的股东人数不能超过 200 人。股权众筹以原始股权作为回报，相当有吸引力，加之众筹成功后需要设立公司，又涉及《公司法》，会面临一定风险。

3. 非法公开发行证券的风险

《证券法》第十条规定：公开发行证券，必须符合法律、行政法规规定的条件，并依法报经国务院证券监督管理机构或者国务院授权的部门核准；未经依法核准，任何单位和个人不得公开发行证券。

有下列情形之一的，为公开发行：（一）向不特定对象发行证券的；（二）向特定对象发行证券累计超过 200 人的；（三）法律、行政法规规定的其他发行行为。非公开发行证券，不得采用广告、公开劝诱和变相公开方式。

股权众筹很容易因未经国家有关主管部门批准，向社会不特定对象发行、以转让股权等方式变相发行股票或者公司、企业债券，或者向特定对象发行、变相发行股票或者公司、企业债券累计超过 200 人而构成公开发行证券罪。

鉴于上述法律风险，企业在股权众筹过程中，应当严格遵守证监会于 2016 年 10 月发布的《股权众筹风险专项整治工作实施方案》，严禁从事以下活动：

（1）擅自公开发行股票。向不特定对象发行股票或向特定对象发行股票后股东累计超过 200 人的，为公开发行，应依法报经证监会核准。未经核准擅自发行的，属于非法发行股票。

（2）变相公开发行股票。非公开发行股票及其股权转让，不得采用广告、公告、广播、电话、传真、信函、推介会、说明会、网络、短信、公开劝诱等公开方式或变相公开方式向社会公众发行，不得通过手机 APP、微信公众号、QQ 群和微信群等方式进行宣传推介。

（3）非法开展私募基金管理业务。私募基金管理人不得向合格投资者之外的单位和个人募集资金，不得变相乱集资，不得向不特定对象宣传推介，不得通过分拆、分期、与资产管理计划嵌套等方式变相增加投资者数量，合格投资者累计不得超过 200 人。

（4）非法经营证券业务。股票承销、经纪、证券投资咨询等证券业务由证监会依法批准设立的证券机构经营，未经证监会批准，其他任何机构和个人不得经营证券业务，不得向投资人提供购买建议。

（5）对金融产品和业务进行虚假违法广告宣传。平台及融资者发布的信息应当真实准确，不得违反相关法律法规规定，不得虚构项目误导或欺诈投资者，不得进行虚假陈述和误导性宣传。

（6）挪用或占用投资者资金。互联网金融从业机构应当严格落实客户资金第三方存管制度，对客户资金进行管理和监督，实现客户资金与自身资金分账管理，平台应严格落实客户资金第三方存管制度。

3.4 案例：股权众筹成就票房奇迹——《西游记之大圣归来》

《西游记之大圣归来》是一部 3D 动画电影，由高路动画、横店影视、光线影业、十月动画、微影科技联合出品，田晓鹏执导（见图 3-11）。影片根据与《西游记》相关的神话传说素材改编而成，讲述了因大闹天宫被如来佛压在五行山下五百年的孙悟空，偶然因儿时的唐僧——俗名江流儿的小和尚误打误撞解除了封印，在相互陪伴的冒险之旅中找回初心，完成自我救赎的故事。影片于 2015 年 7 月 10 日在中国上映后，截至 2015 年 7 月 28 日，影片累计票房突破 7 亿，成为中国市场最卖座动画电影，刷新了中国电影市场动画电影票房纪录。

图 3-11 《西游记之大圣归来》宣传海报

据《西游记之大圣归来》发行人路伟介绍，剔除 1.2 亿元票房折算出的投资成本，3.8 亿元的票房溢出收益，折合收益率约在 300%左右。

如此高收益率的背后，股权众筹的推动作用不可小觑（见图 3-12）。

2014 年 12 月，耗时 8 年的《西游记之大圣归来》进入到最后的宣传发行阶段，因为拒绝了投资方改剧本的要求，在资金上捉襟见肘，再加上缺明星、缺话题、缺颜值等一系列问题，发行人路伟想到了众筹模式，于是在朋友圈发了一条消息为《西游记之大圣归来》的宣传发行经费进行众筹。出乎意料的是，不到 5 小时的时间便筹集了 500 多万元，一个星期之后，《西游记之大圣归来》共筹集了 780 万元，有 89 名投资人参与。他们以个人名义直接入股了《西游记之大圣归来》的领衔出品方“天空之城”，直接参与到这部投资合计约 6 000 万元的电影项目中，最终使这部影片取得了口碑与票房的双丰收。

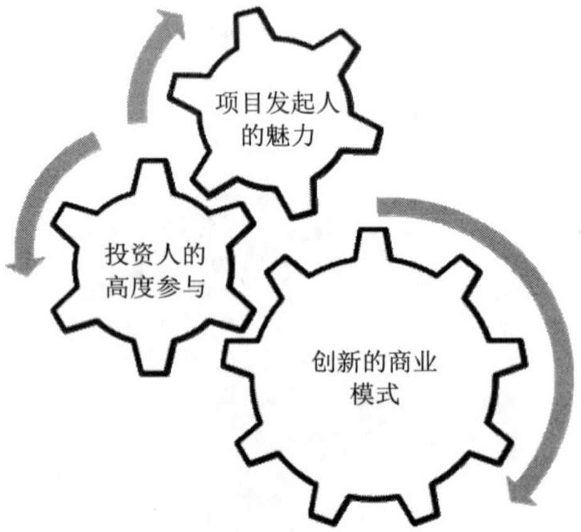

图 3-12 《西游记之大圣归来》众筹成功的因素

1. 项目发起人的魅力

《西游记之大圣归来》众筹项目发起人路伟毕业于中国人民大学金融投资专业，曾任职于深圳中国银行，有着 8 年金融产业从业经验，2 年传媒产业管理经验。其跨界影视和金融的身份，让他对作品的品质、市场价值有着一个比较合理的判断，能时刻把握观众的品位和需求，加之具备“操盘手”和“出品人”的双重角色，有能力让项目在社交媒体上不断曝光。

2. 投资人的高度参与

《西游记之大圣归来》有 89 名投资人，每个人都高度参与影片的宣传与发行，为影片出谋划策、贡献资源。据报道，在北京的三里屯、世贸天阶，上海的人民广场，甚至地理位置偏远的新疆喀什，部分投资人为该片提供了长时间的免费户外广告；而在上映初期，他们又成为了影片的第一批“铁粉”，不仅包场 200 多次，还动用各自的渠道为电影“预热”，成就影片营销口碑的起点。

3. 创新的商业模式

股权众筹并非是一种全新的商业模式，但“电影+众筹”的组合却让人眼前一亮，在影视产业领域推“社交”金融的形态，让用户离电影更近。这不仅是一种营销手段，也是一个收益不菲的商业模式，投资人不但可以获得高于投资额数倍的票房分账收益，还将分享未来影片的所有增值收益，如游戏授权、新媒体视频授权、海外收入分账、衍生产品销售等带来的收入。

第 4 章

股权激励：颠覆传统的薪酬激励模式

当今企业间的竞争，归根结底是人才的竞争，股权激励将股权当作薪酬的一部分，使企业利益和员工利益实现有效统一，在留住人才、吸引人才、降低人力成本等方面具有无可比拟的优势，颠覆了传统的薪酬激励模式。

4.1　股权激励不只是分钱

常听到有人说“财散人聚”，认为股权激励就是分钱的工具，其实不然。股权激励是将公司股权或股权的收益权以某种方式授予企业的核心人员，形成权利和义务相互匹配的所有权、收益权、控制权关系，从而激励员工为公司长期发展服务的一种制度安排，具有以下意义（见图 4-1）。

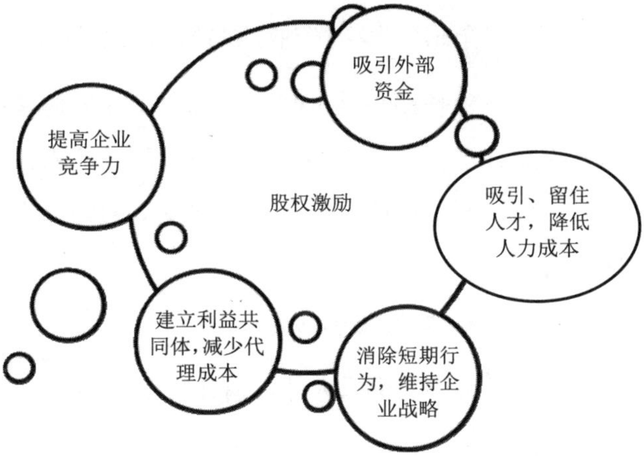

图 4-1　股权激励的意义

1．建立利益共同体，减少代理成本

在企业经营过程中，其所有者与经营者的利益往往是不完全一致的，所有者更关心企业的长远发展和收益，而企业经营者更注重在任期内自己的业绩和收益。二者之间形成一种委托代理关系，基于代理问题所产生的代理成本包括委托人的监督支出、代理人的保证支出和剩余损失。

股权激励使经营者成为股东，代理人变成合伙人，有效弱化了二者之间的矛盾。双方因为股权结成利益的共同体，端正了经营者的心态，缓解了代理问题，有利于减少委托人的监督支出和剩余损失，减少代理成本，促使代理人自觉地发挥自己的才干，减少一切损害企业利益的行为。

2. 消除短期行为，维持企业战略

股权激励有利于消除员工的一些短期行为，维持企业战略的整体性和长期性。

传统的激励方式如提成、奖金等，是一种短期收益，在一定程度上会刺激员工的短期行为，不利于企业的长期、稳定发展。而作为一般员工都会有一种“不安全感”的心理，这种心理促使员工为了获得短期利益而实施的一些行为，有时候可能会威胁到企业的长期利益和整体利益。股权激励机制使员工在心理上有了“安全感”，这对企业战略的顺利推行是一种保障。

股权激励本身是一种长期激励机制，使员工在任期内获得收入，卸任后也会得到一部分收益。这样，员工不仅关心在自己任期内公司的盈亏状况，也会关注企业的长远发展。由此，将在一定程度上削弱员工的短期行为，保障公司长期战略的推行。

3. 吸引、留住人才，降低人力成本

股权激励有利于吸引外部优秀人才，留住内部精英。

通过高薪和奖金等方式来吸引人才、稳定人才，往往会提高企业的经营成本，给企业的现金流带来较大压力。引入股权激励机制，可以在一定程度上降低支付给员工的现金奖励，降低人力薪酬成本。同时，股权激励使员工能够分享企业发展所带来的收益，可增强员工的归属感和认同感，员工如果离开企业或者有不利于企业的行为，就会失去收益，以此提高员工离开公司或“犯错误”的成本。另外，股权激励能够体现员工的长期价值，可以提高员工的工作积极性，增强了员工对企业的忠诚度。一般情况下，多数公司的股权激励往往都有一些设定限售要求、回购条件等，比如员工只有在企业服务达到一定的年限后，才可以获得相应的股权。由此，股权激励将成为一种

有效而实用的留住人才、稳定人才的方法与武器。

4．吸引外部资金

资金对企业而言，就像血液对人体，阳光对草木，没有资金，寸步难行。股权激励除上述内部效应外，还可以通过出让股权来众筹、融资，获得企业发展所需要的资金。

5．提高企业竞争力

员工成为企业股东后，拥有了分享利润的权利，有利于激发其积极性和主动性，促使他们自觉采取各种方式降低成本，加强管理能力，进行技术创新，积极拓展市场空间，从各个渠道提高企业的竞争能力，提高经营业绩；另外，股权激励的授予条件一般是企业利润或收入的增长，在此情况下，激励对象要想获得股权必须尽最大努力来提高收入、完成业绩。

4.2　股权激励工具的选用

随着资本市场的发展和现代企业制度的完善，公司股权管理技术日益完善。世界各国的公司为了有效激励公司管理人员，纷纷创新激励模式，推出各种形式的股权激励工具，包括干股、期权、限制性股票、延期支付、虚拟股权等（见图 4-2 和表 4-1）。

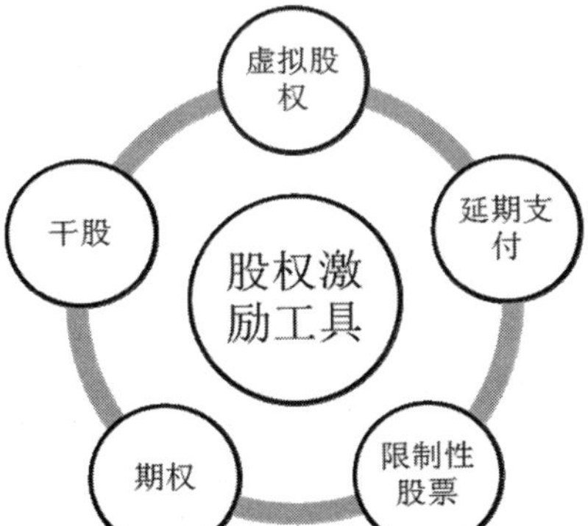

图 4-2　股权激励工具

表 4-1　股权激励工具的具体内容

激励工具	内　容	优　点	缺　点	适合公司
干股	干股是指以一个有效的赠股协议为前提，股东不必实际出资就能占有公司一定比例股份份额的股份。企业股东无偿赠予股份，被赠予者享有分红权，按照协议获得相应的分红，但不拥有股东资格，不具有对公司的实际控制权，干股协议在一定程度上就是分红协议	干股不牵涉真正股东的股权结构，不会影响股东对公司的控制权，风险较小且可控；干股只需要做一些制度性文件或者和员工签订赠予协议，不需要在章程中体现，简单、易操作，形式灵活；干股无须花钱购买就能获得实际股份，归属感最强，有利于调动激励对象的积极性	干股获授者因为不拥有公司的实际产权，更看重短期利益，会影响企业的长远发展；赠予股份会稀释原有股东的持股比例	非上市公司
期权	企业所有者授予激励对象购买本公司股份的选择权，具有这种选择权的人，可以在规定的时期内（一般为 3～5 年）以事先约定好的价格（行权价）购买公司一定数量的股份（此过程称为行权），也可以放弃购买股份的权利	激励对象持有股份期权得到的是一种选择权，激励对象可以根据具体情况选择行权或不行权，方式更加灵活；股份期权锁定了期权人的风险，持有人不行权就没有任何额外的损失，对激励对象来说更有保障；股份期权是企业赋予经营者的一种选择权，是在不确定的情况下实现的预期收入，企业没有任何现金支出，有利于企业降低成本，以较小的激励成本吸引和留住人才	管理者可能会为自身利益而使用不法手段抬高股价；激励对象的行权会分散股权，影响到现有股东的权益，可能导致股权和经济纠纷。只有在公司持续、健康发展的情况下，股份价格才会上涨，股份持有人才能获得收益，具有一定风险	成长性好、具有发展潜力的企业
限制性股票	公司按照预先确定的条件授予激励对象一定数量的本公司股票，激励对象只有在达到规定的服务期限或完成特定业绩目标后，才可出售限制性股票并从中获益	无须支付现金，有助于激励对象将精力集中在长期战略上，努力完成业绩考核目标	激励对象在满足授予条件的情况下获得股票之后，股票价格的涨跌会直接增加或减少限制性股票的价值，进而影响激励对象的利益；激励对象获得实际股票，享有所有权，会增加公司的管理难度	适合业绩不佳或处于产业调整过程中的企业

续表

激励工具	内　容	优　点	缺　点	适合公司
延期支付	公司将激励对象的部分薪酬，如年度奖金、股权激励收入等，按当日公司股票市场价格折算成股票数量，存入公司单独设立的延期支付账户。在既定的期限后或在该激励对象退休以后，再以公司的股票形式或根据期满时的股票市场价格以现金方式支付给激励对象	激励对象为了保证自己的利益不受损害，必须勤勉尽责，以免因工作不力或者失职导致企业利益受损，受到减少或取消延期支付收益的惩罚，具有明显的约束作用；延期支付把经营者一部分薪酬转化为股票或股份，且长时间锁定，增加了其退出成本，有利于规避经营者行为短期化；延期支付简单、易行，可操作性强；将激励对象的部分薪酬延期支付，一定程度上缓解了企业的资金困难问题	激励对象持有公司股票或股份数量相对较少，难以产生较强的激励力度；由于公司业绩的不确定性，经营者不能及时地把薪酬变现，如果延期期限过长，将弱化激励作用	适合业绩稳定的公司
虚拟股权	模拟股票发行的方式，将公司的净资产分割成若干相同价值的股份，结合企业的经营目标对其定价，是一种形式上的虚拟。授予“虚拟”股权的激励对象可以据此享受一定数量的分红权和估价升高收益，但没有所有权和表决权，不能转让和出售，在离开企业时自动失效	以赠送或奖励方式发放给特定员工，不需员工出资，激励效果更加明显；虚拟股权持有者可以享受企业分红收益权和增值收益权，从而激发他们更多地关注企业经营状况及利润情况，减少道德风险和逆向选择的可能性；在操作中，只要拟定一个内部协议即可，无须工商登记，简单易行；虚拟股权持有者只享受分红权，不享受普通股东的表决权、分配权等，不影响企业的资本总额和股东结构，不影响原股东对企业的控制权，有利于企业的管理；结合经营业绩对其定价，避免了以变化不定的股票价格为标准去衡量公司业绩和激励员工，具有相对的稳定性	采用虚拟股权激励模式，激励对象可能因考虑分红，减少甚至于不实行企业资本公积金的积累，而过分地关注企业的短期利益；这种模式下的企业分红意愿强烈，导致公司的现金支付压力比较大；虚拟股权并不是实际股权，所以激励力度相对较小，固定人才的作用有限	适合现金流量充裕的公司

在实践中，企业应根据内、外部环境条件和所选激励对象的不同，结合各种股权激励工具的作用机理、优缺点，选择适合本企业的、有效的股权激励工具。

4.3 初创企业干股激励法

初创企业往往治理结构不完善，盈利模式不清晰，股本较小，在这种情况下，想要吸引并留住人才，操作简单、安全有效的干股模式最为合适。

我们可以通过以下几个步骤，来系统制订企业初创阶段的干股激励计划（见图 4-3）。

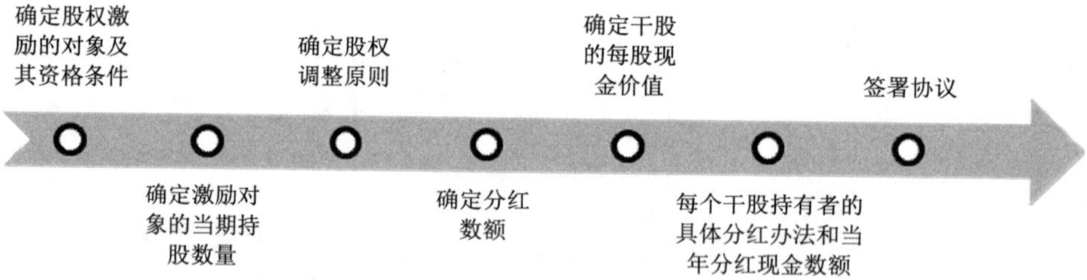

图 4-3 干股激励的步骤

1. 确定股权激励的对象及其资格条件

股权激励的对象应该是对企业发展具有重要意义的核心人才，具体来说，这部分人包括以下几种（见表 4-2）。

表 4-2 股权激励的对象

高管类	公司核心经营管理团队，包括 CEO、董事长、总经理等；未来可能设置的高管，如董秘、副总等
研发类	掌握核心技术、工作内容与技术研发相关的员工，如研发总监、高级工程师、技术负责人等
运营类	掌握关键运营资源、工作内容与市场相关的员工，如市场总监、核心项目经理人等
销售类	掌握重要销售渠道、拥有大客户的员工，如销售总监、区域负责人等

另外，还要明确股权激励的获授资格条件，如在公司任职的时间、岗位、所做出的业绩等。

2. 确定激励对象的当期持股数量

可以把持有股权划分为岗位股、绩效股和工龄股等，根据公司具体情况划分等级，根据激励对象所处的岗位、工龄长短及绩效情况，来确定其当年应持有的干股数量。

1）确定岗位股

根据激励对象在公司内所处不同岗位而设定不同股权数量。一般来说，在同一个层次的激励对象，其职位股权可有所不同，但波动应控制在一个合理的范围内。公司可先根据其所处岗位确定他们的岗位股基数。

2）确定绩效股

根据股权享有者的实际个人工作绩效表现情况，年底决定是否追加和追加多少干股。

每年年初，公司可预先确定股权享有者的年度考核绩效指标；每年年末，根据绩效实际完成情况，按比例分别确定最终增加的股权数量（增加股权数量=本人职位股基数×绩效完成程度×50%）。另外，公司应规定一个享有干股的最低绩效完成比例限制。例如，当年绩效完成情况低于 70%的人员，取消其享有当年股权激励计划的资格。

3）确定工龄股

依据员工在本公司工作服务年限，制定工龄股分配原则，自劳动合同签订后员工实际到岗之日起算，按照满一年增加 100 股的标准执行。

4）计算股权数额

将上述三类股权累加，为该激励对象当年享有的股权数额。

在实践中，如遇到对公司有特别重大贡献者，其干股数量的确定也可酌情调整，由公司人力资源部门上报，交由公司最高管理层或公司薪酬考核委员会决定。

3．确定股权调整原则

企业是一个不断变化的动态体，因此股权激励计划也需要适时做出调整。由于无法准确预见企业未来的发展变化，因此可以先确定股权数量的调整原则。例如，随着职位和绩效等因素的变动，持有人的股权数量会发生改变。职位降低时，职位股的干股基数随之下调；绩效完成未达到考核比例，绩效股可能取消；员工工龄增加，工龄股也会相应增加。非正常离职的员工，如辞职、辞退、解约等，干股自动消失；正常离职者可以将股权按照一定比例折算为现金发放给本人，也可按照实际剩余时间，到年终分配时参与分红兑现，并按比例折算为具体分红数额。如果股权享有者在工作过程中因失误而被降级、处罚，则公司有权减少、取消其分红收益权。

另外，根据公司经营发展状况和股权享有者的岗位变动情况，干股激励必然会面临性质转化问题。也就是说，让干股持有者可以出资购买自己手中的干股，从而把干股转换为公司实股。在转让时，公司可以考虑在购股价格上给予一定的折扣。比如，公司规定，经干股享有者申请，可以出资购买个人持有的不低于 30%的股权，将其转换为实股，公司对于购股价格给予不高于实有股权每股净资产现值的 8.5 折优惠。

4．确定分红数额

干股分红，实际上就是协议分红，因此，公司首先应该在内部建立分红基金，根据当年经营目标的实际完成情况及利润大小，对照分红基金的提取计划，确定当年分红的基金规模的波动范围，落实实际提取比例和数额。

一般来说，分红基金的提取比例是按照公司上一年度奖金在公司净利润中所占比例为参照制定的，为了体现干股的激励性，分红基金提取比例的调整系数定为 1～1.5。

例如，在实行干股激励制度的上一年度，公司净利润为 200 万元，上年年终奖金总额为 10 万元，则首次分红基金提取比例基准如下。

首次分红基金提取比例基准=(首次股权享有者上年年终奖金总额÷上一年公司净利润)×(1～1.5)=(10÷200)×(1～1.5)=5%×(1～1.5)

则最高线：5%×1.5=7.5%；

中间线：5%×1.3=6.5%；

最低线：5%×1.0=5%。

而首次分红基金=股权激励制度的当年公司目标利润（如 250 万元）×首次分红基金提取比例，分别对应如下。

最高线：250×7.5%=18.75（万元）；

中间线：250×6.5%=16.25（万元）；

最低线：250×5%=12.5（万元）。

在实际操作中，公司本着调剂丰歉、平衡收入的原则，还可以在企业内部实行当期分红和延期分红相结合的基金分配原则，这样可以有效地减少经营的波动性对分红基金数额变动所带来的影响。

假设公司当年分红基金数额为 16.25 万元，其将当年分红基金的 80%用于当年分红兑现；当年分红基金的 20%结转下年，累加到下年提取的分红基金；以后每年都按照这个比例滚动分红基金。

5. 确定干股的每股现金价值

确定完分红额度后，公司可以按照以下公式计算出干股股权每股现金价值：

干股每股现金价值=当年实际参与分配的分红基金规模÷实际参与分红的虚拟股权总数

例如，当年参与分红的股权总数是 10 万股，当年分红基金数额为 16.25 万元。根据公式，其当年干股每股现金价值=162 500÷100 000=1.625 元/股。

6. 确定每个干股持有者的具体分红办法和当年分红现金数额

将每股现金价值乘以股权享有者持有的股权数量，就可以得到每个股权享有者当年的分红现金数额。例如，某员工持有的股权总数为 2 000 股，则其当年可得到的分红数额为 1.625 元/股×2 000 股=3 250 元。

为保证分红收益波动不至于过大，公司可以执行滚动分配原则，当年分红兑现=当年分红收益×85%，剩余 15%结转下年。例如，某员工当年分红收益为 3 250 元，按照滚动分配原则，当年可兑现收益为 3 250×85%=2 762.5 元，剩余 487.5 元结转下年参与分配。若下年分红收益为 4 000 元，则下年分红兑现为(4 000+487.5)×0.85=3 814.38 元。

7. 签署协议

在确定要实施干股激励制度之后，公司管理层应在公司内部公布实施该激励制度的决议，并向员工详细讲解股权激励计划的获授原则、实施流程、意义与后果，使员工清楚明白，打消各种疑虑，提高参与的积极性；另外，和每位激励对象签署书面协议，约定获授、行权、变更条件，以此指引他们努力的方向，达到与公司预期同步。

4.4 新进高管的股权激励法

很多企业在发展的进程中都感叹千军易得，一将难求。一个运筹帷幄的高级管理人才，对企业来说，是一笔价值难以估量的财富。而在企业发展过程中，新进高管担负着企业战略执行的重任，作用巨大，有必要对其进行股权激励，增强其归属感，愿意与企业同甘共苦，愿意把企业当作施展才华的舞台。

例如，苹果近期向其负责网络软件服务的高级副总裁埃迪·库（Eddy

Cue）、负责全球营销业务的高级副总裁菲尔·席勒（Phil Schiller）、负责零售业务的高级副总裁安吉拉·阿伦茨（Angela Ahrendts）、负责软件工程业务的高级副总裁克雷格·费德里希（Craig Federighi）、高级副总裁兼首席财务官卢卡·梅斯特里（Luca Maestri）、硬件工程高级副总裁丹·里乔（Dan Riccio）、硬件科技高级副总裁约翰尼·斯洛基（Johny Srouji）、高级副总裁兼法律总顾问布鲁斯·斯维尔（Bruce Sewell）等公司高管，奖励高达 14.966 7 万受限股票单位（RSU），以此留住这些优秀人才，鼓励他们为公司的发展尽心尽责。

考虑到公司对新进高管的基本情况还未完全掌握，也无法在短期内考核其能力和品德，因此，不建议在一开始就对其实行期股或期权激励。

到底该怎么做呢？首先，我们必须把握一个原则：高管的激励策略应该是一个长远的战略规划，此规划的目的是促进公司业绩稳步增长。在此原则的基础上，制定出如下方案（见图 4-4）。

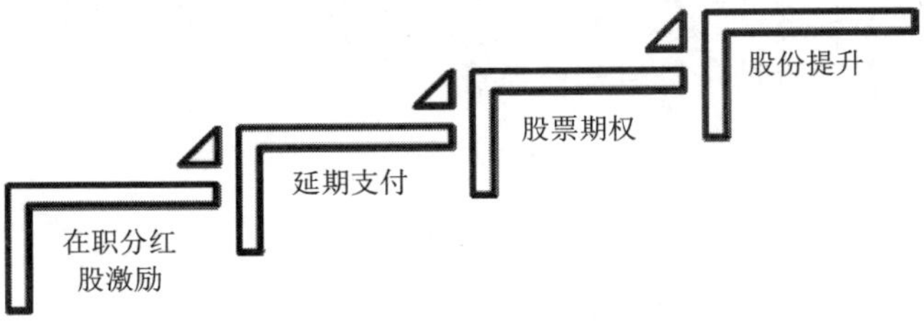

图 4-4　新进高管的股权激励法

1. 在职分红股激励

对新来的高管，可以实行分红股激励，制定相关考核标准，在考核完成后，再考虑将其分红股转化为期股、期权或者业绩股份等。

例如，A 公司新招聘了一个业务部经理，负责公司华北地区的所有业务。那么，我们以公司华北地区的业绩为标的，建立相应的考核指标，然后以考核指标分数作为参考依据，授予相应的分红股，年底参与分红。

假如公司 2012 年华北地区的业绩是 400 万元，2011 年业绩是 350 万元，2013 年的目标是 450 万元。根据业绩完成情况，公司给予不同奖励（见表 4-3）。

表 4-3　根据业绩完成情况给予的不同奖励

业绩完成情况（n）	分红比例
n<业绩目标的 80%	0
业绩目标的 80%≤n<业绩目标的 90%	公司总利润的 8%
业绩目标的 90%≤n<业绩目标的 100%	公司总利润的 9%
业绩目标的 100%≤n<业绩目标的 110%	公司总利润的 10%
业绩目标的 110%≤n<业绩目标的 120%	公司总利润的 11%
n≥业绩目标的 120%	公司总利润的 12%

假如该业务部经理 2013 年完成业绩 500 万元，公司利润为 100 万元。那么，他年底就可以分到 11 万元的利润分红。在这种动力下，该业务部经理会努力提升区域销售业绩，以确保获得更多收益；但如果中途离开，便意味着放弃全部分红收益，归公司所有。考虑上述原因，该业务部经理不会轻易离开，最终公司留住了人才，也提升了业绩。

在完成一年的分红股后，公司可以对其做一个全面的评估，考虑是否对其实行期股或期权激励，以进一步强化激励效应。

2. 延期支付

考虑到高管对公司的重要性，一旦拿钱走人，可能会影响到公司长期战略的执行。因此，在做分红股激励时，有必要加一个延迟支付条款，锁定风险。比如，规定如下：年底获得的红利，分三年派发，第一年派发 60%，第二年、第三年各派发剩余的 20%。前述案例中的业务部经理如果 2013 年有 11 万元收益，到了第二年可以先拿到 6.6 万元，第三年、第四年分别拿到 2.2 万元。如果其中途离开，则意味着放弃部分收益。

3. 股票期权

实行完一年的分红股激励后，公司对新进高管的能力、品行都有了一个大概的了解，如果觉得其各方面都不错，也认为其值得拥有公司实股，那么，公司可以对其实行期权激励。比如，2014 年公司和该高管约定，如果他在 2014 年完成相关业绩指标，达到考核标准，就可以以每股 1 元的价格购买公司 10 万股股份，当然也可以选择放弃认购。

到了 2014 年年底，该高管完成了指标，公司价值提升、发展良好，公司股价也上涨到了每股 1.5 元。此时，他有权选择以每股 1 元的价格购买该公司 10 万股股份，如果购进后出售，则该高管便可净赚 5 万元。当然，需要考虑有关限制性条款，诸如一年之内不得出售等。

获授期权后，只要该高管努力提升公司整体价值，完成相关绩效指标，便意味着将来会获得更高的收益，这在一定程度上又激发了其努力工作的热情。

4．股份提升

到了后期，综合评定该高管的表现，以及公司战略发展需求，可以考虑职位晋升；同时，为了体现价值同等原则，股份比例也做相应调整，让其持有更多股份，进而为公司的整体利益尽心尽力。一旦公司获得风险投资资金或者上市，股份便会出现一个更高的溢价空间；此时，公司溢价带来的收益是无法想象的，股权的财富效应也会在此得到彰显。

当然，上述激励方法并不是一成不变的，企业可以根据需要灵活设计。比如，可以将在职分红股变成超额利润激励，或者将延迟支付的比例调整，分别是 40%、30%、30%，又或者在后期可以采用限制性股票、干股激励等。

4.5 案例：乐视全生态激励计划

乐视成立于 2004 年，创始人为贾跃亭，致力打造基于视频产业、内容产业和智能终端的“平台+内容+终端+应用”完整生态系统，被业界称为“乐视模式”。乐视垂直产业链整合业务涵盖互联网视频、影视制作与发行、智能终端、应用市场、电子商务、互联网智能电动汽车等；旗下公司包括乐视网、乐视致新、乐视移动、乐视影业、乐视体育、网酒网、乐视控股等（见图 4-5）。2014 年乐视全生态业务总收入接近 100 亿元，2015 年实现全年营业收入 130.71 亿元，2016 年仅上半年就实现营业收入 100.63 亿元，同比增长 125.59%。

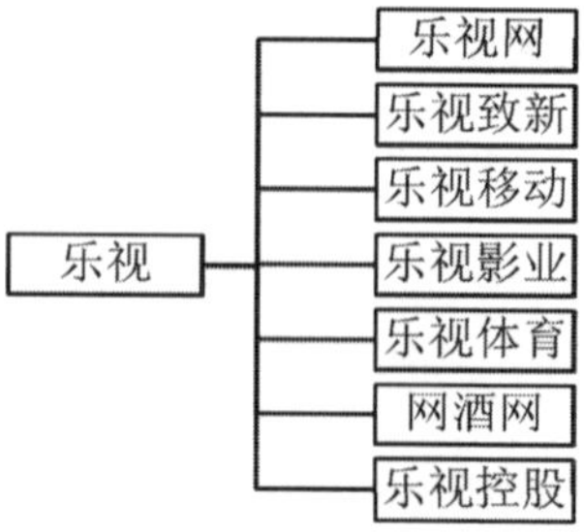

图 4-5　乐视旗下公司

乐视高度重视人才，乐视控股集团创始人、董事长兼首席执行官贾跃亭曾表示，“我们会努力将我们独特的生态模式、产品和服务带给更多国家和地区的用户。全球化战略的实施和乐视生态理想的实现都离不开优质的人才”。

2015 年 11 月 18 日，乐视全体员工收到了一封名为《全员激励计划正式启动》的邮件，意味着传闻已久的乐视全员股权激励计划正式付诸实施。

让我们先来看看这份邮件。

亲爱的同学们：

2015 年是乐视生态迅猛发展的一年，我们以极大的开创精神全情投入，生态的乐视正在展现出蓬勃的价值创造和吸引力，正在成为全球化世界级公司的征途上飞奔。

身为一名乐视人，我们除不断改变人们的互联网生活方式外，更置身于改善人类生存环境的伟大事业中。生机勃发的乐视生态为我们提供了一个展现自我的舞台，我们每天都在尝试新的挑战并在成长为行业内不可复制的生态型人才。

生态型战略和业务的落地需要生态型组织的支持，更需要生态型激励的催化！今天，乐视将正式启动史无前例的全员激励计划，邀请你成为乐视股权激励的拥有者，共享乐视生态高速成长带来的价值和收益！

现在，就让我们一起来揭开这份全员激励计划的神秘面纱。

1. 最具“合伙人”精神的激励计划

按市场通行的惯例，更多公司的股权激励并非面向全员。而在我们的股权激励计划中，每一名乐视正式员工在满足基本的门槛条件下，都能够享有股权激励，分享生态成长的价值!

2. 最慷慨的激励额度

乐视控股（全球）激励总量为原始总股本的 50%，在全行业内都是极其罕见的。

3. 最彻底的价值分享

与其他公司“员工享有公司价值增值”的激励原理不同，本次乐视的股权激励员工基本不需要出资购买，这意味着收益接近股份的全价值!

4. 最具生态特点和激励性的经济收益

为了促进生态协同，员工除了享受自身业务的激励，同时享受整体生态的激励。两种激励取其大，始终保证员工享受到最大的经济收益!

如何获得这份最具吸引力的激励呢?

加入公司并转正后即可获得激励授予。激励分四年生效，每年生效 25%。实际生效比例与个人业绩挂钩，强化激励的业绩导向。同时，未来业绩优秀者可有机会获得追加授予。

如何获得更高的激励价值回报呢?

只要你全情投入，以协同化反的精神努力付出，随着生态价值的快速提升，你获得的激励价值就会越来越高。

接下来，看看获得全员激励的门槛条件：

（1）在上一个考核期绩效为 B 及以上的正式员工。

（2）对乐视生态文化、价值观、愿景高度认同。

（3）在职期间无重大违规、违纪、贪腐等行为。

自本通知发布之日起，首批股权激励即开始陆续授予。

正如贾总所言，“乐视生态型的梦想，需要一群真正的生态型 Hero，相信这次史无前例的激励计划，将使我们的梦想更进一步”。

所以，乐视业务的快速成长、生态体系的高效协同，将会在你的全情投入中创造出更大的价值！

从今天起，为了你我共同拥有的乐视，一起加油！

全员持股是乐视集团基于其全球化战略和生态化战略做出的战略选择，在此战略之下，必须发挥全体乐视人的主观能动性，将所有人纳入生态激励体系之中。从这份邮件中我们可以看出，乐视此次全员持股计划的确非常慷慨，做到了真正意义上的全员激励。

（1）乐视控股（全球）拿出原始总股本的 50%作为股权激励总量，这在中外企业界是非常少见的。

（2）此次全员持股计划，只要是转正后的员工，满足最基本的考核、文化和纪律条件，就可以不出资而获得乐视控股股权。这意味着未来获得的收益接近股份的全价值，实现了最彻底的价值分享。

（3）激励的最终价值都将来自于乐视生态价值的整体提升，包括云计算、电商、汽车、电视、手机、音乐、体育、互联网金融等多个领域。员工除了享受自身业务的激励，还能享受整体生态的激励，两者取其大，在促进各业务板块和谐发展的同时亦能保证员工获得最大经济收益。

（4）坚持激励约束相结合原则，激励分四年生效，每年生效 25%，实际生效比例与个人业绩挂钩。只要努力付出，随着生态价值的快速提升，员工获得的激励价值也会越来越高。

第 5 章

股权估值：从初创企业到独角兽的神话

股权估值也就是我们常说的企业价值评估，是指依据企业拥有或占有的全部资产状况和整体获利能力，充分考虑影响企业获利能力的各种因素，结合企业所处的宏观经济环境及行业背景，对企业整体公允市场的股份价值进行综合分析、评估的过程。

5.1 股权估值的原则与方法

5.1.1 股权估值的原则

根据中国资产评估协会下发的《企业价值评估指导意见（试行）》，股权估值应该遵循以下原则。

（1）注册资产评估师执行企业价值评估业务，应当根据评估对象、价值类型、资料收集情况等相关条件，分析收益法、市场法和成本法 3 种资产评估基本方法的适用性，恰当选择一种或多种资产评估基本方法。

（2）企业价值评估中的收益法，是指通过将被评估企业预期收益资本化或折现以确定评估对象价值的评估思路。收益法中常用的两种具体方法是收益资本化法和未来收益折现法。

（3）注册资产评估师应当根据被评估企业成立时间的长短、历史经营情况，尤其是经营和收益稳定状况、未来收益的可预测性，恰当考虑收益法的适用性。

（4）收益法中的预期收益可以现金流量、各种形式的利润或现金红利等口径表示。注册资产评估师应当根据评估项目的具体情况选择恰当的收益口径。

（5）注册资产评估师运用收益法进行企业价值评估，应当从委托方或相关当事方获取被评估企业未来经营状况和收益状况的预测，并进行必要的分析、判断和调整，确信相关预测的合理性。

（6）注册资产评估师在对被评估企业收益预测进行分析、判断和调整时，应当充分考虑并分析被评估企业资本结构、经营状况、历史业绩、发展前景和被评估企业所在行业相关经济要素及发展前景，收集被评估企业所涉及交易、收入、支出、投资等业务合法性和未来预测可靠性的证据，充分考虑未来各种可能性发生的概率及其影响，不得采用不合理的假设。

当预测趋势与被评估企业现实情况存在重大差异时，注册资产评估师应当予以披露，并对产生差异的原因及其合理性进行分析。

5.1.2　股权估值的方法

常用的企业股权估值方法有收益法、市场法、成本法和市盈率法（见图 5-1）。

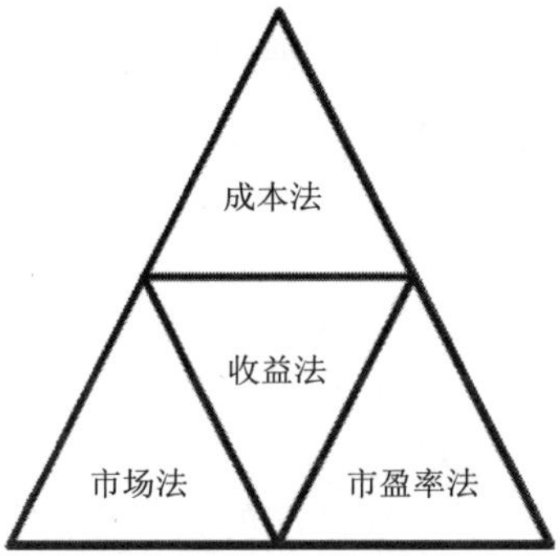

图 5-1　股权估值的常用方法

1．收益法

收益法，又称收益还原法或收益本金化法，是国际上公认的资产评估基本方法之一。收益法是用未来收益来衡量资产的价值，将评估对象的预期收益用适当的折现率折现，累加得出评估基准日的现值，以此估算资产价值的方法。

用收益法评估的资产必须具备以下条件：

（1）被评估对象必须是经营性资产，而且具有持续获利的能力。

（2）被评估资产是能够而且必须用货币衡量其未来收益的单项资产或整体资产。

（3）产权所有者所承担的未来经营风险也必须能用货币加以衡量。

用收益法评估企业价值，核心问题是确定企业的预期收益额、未来收益期限、折现率。

收益额是指资产使用带来的未来收益期望值，是通过预测分析获得的；收益额必须是由被评估资产直接形成的，而不是由该项资产形成的收益分离出来的。对企业而言，收益额由税后利润（净利润）、现金流量和利润总额构成。

折现率应包含无风险利率、风险报酬率和通货膨胀率。本金化率与折现率在本质上是没有区别的，只是适用场合不同。折现率是将未来有限期的预期收益折算成现值的比率，用于有限期预期收益还原；本金化率则是将未来永续性预期收益折算成现值的比率。

收益期限是指资产收益的期间，通常指获益年期。收益期限由评估人员根据未来获利情况、损耗情况等确定，也可以根据法律、契约和合同规定确定。

在收益期限有限的情况下，收益法的计算公式如下：

$$V=\frac{A}{Y-g}\left[1-(\frac{1+g}{1+Y})^{n}\right]$$

V 为评估对象的收益价值，A 为第一年的净收益，Y 为资产报酬率，g 为净收益逐年递增的比率，n 为收益期限。例如，某房地产的收益期限为 48 年，未来第一年的净收益为 16 万元，此后每年的净收益在上一年的基础上增长 2%，该类房地产的报酬率为 9%。那么，该房地产的收益价值为：

$$\frac{16}{9\%-2\%}\times\left[1-\left(\frac{1+2\%}{1+1\%}\right)^{48}\right]=219.12\text{ 万元}$$

在收益期限无限的情况下，收益法的计算公式为：

$$V=\frac{A}{Y-g}$$

上述例子中，房地产的收益价值则为$\frac{16}{9\%-2\%}$=228.57 万元。

收益法适用于各类公司评估，是目前运用最广泛的一种资产评估方法。例如，掌趣科技收购动网先锋、博瑞传播收购漫游谷、华谊兄弟收购银汉科技、大唐电信收购要玩娱乐、浙报传媒收购杭州边锋，最终交易价格的确定都是以收益法评估价值为基础的。

2．市场法

市场法也称市场价格比较法，是根据公开市场上与被评估对象相似或可比的参照物的价格来确定被评估对象价格的一种方法。

企业股权价值评估中的市场法，是指通过对市场上与被评估企业处于同一或类似行业的公司的经营和财务数据进行分析，计算出适当的价值比率或经济指标，在比较分析的基础上，得出评估对象价值的方法。例如，要得出某网游公司的价值，可以对畅游、完美、盛大、巨人、掌趣科技等公司的经营和财务数据进行分析，计算适当的价值比率或经济指标，在比较分析的基础上得出评估对象的价值。

用市场法进行项目评估可分三个步骤（见图 5-2）。

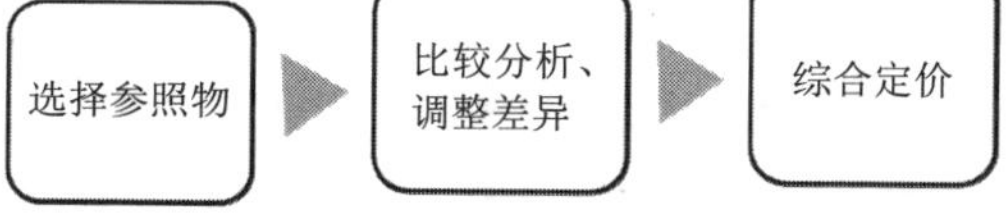

图 5-2　用市场法进行项目评估的操作步骤

首先，评估者要在市场搜集与评估对象相同或类似资产市场交易的基本数据资料，包括交易价格、交易时间、交易地点、交易批量、交易用途等，并通过科学的方法，验证所获得资料的准确性，特别是有关市场价格变化情况的准确性。

待完成资料收集后，评估人员应列出评估对象和参照物的各种比较因素，如商品特点、地理特征、经济特征、销售时间、销售价格等，然后逐一进行比较分析，并调整各对应因素的差额，进而确定评估对象各因素的价值。例如，将使用寿命为45年的建筑物作为评估对象，而类似的资产使用寿命只有20年，这就需要进行调整；再如，通过市场调查，发现了一个在10年前交易的机械设备，无论是规格型号还是设备成新率，都与评估对象非常接近，但由于交易时间较早，价格发生了变化，也需做差异调整。

3. 成本法

成本法，又称重置成本法，是指在现实条件下重新购置或建造一个全新状态的评估对象，将所需的全部成本减去评估对象的实体性陈旧贬值、功能性陈旧贬值和经济性陈旧贬值后的差额，得出评估对象现实价值的一种评估方法。比如，对即将投资或收购的工厂，我们可以采用成本法，先测算出建一个新厂的成本，然后用所需全部成本减去收购对象的各种损耗贬值，得出其现实价值。

成本法从成本的角度来衡量资产的价值，根据替代性原则，在进行资产交易时，投资者所愿意支付的价格不会超过按市场标准重新购置或构建该项资产所付出的成本。其基本公式为：评估价值=重置成本－实体性贬值－功能性贬值－经济性贬值或评估价值=重置全价×成新率。

运用成本法进行企业价值评估，一般经过以下四个步骤（见图5-3）。

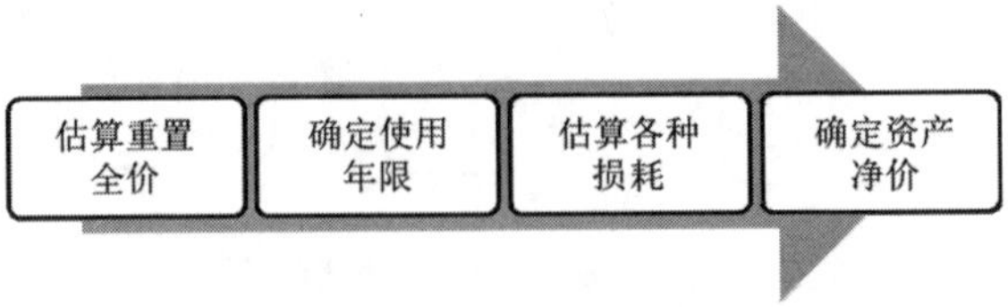

图5-3　用成本法进行企业价值评估的操作步骤

首先，根据被评估资产的基本情况，用现时市场价格估算其重置全价；其次，确定被评估资产的已使用年限、尚可使用年限及总使用年限；再次，用年限折旧法或其他方法估算资产的有形损耗和功能性损耗；最后，扣除各种损耗后得出资产净价。

4．市盈率法

市盈率法（P/E）是指以行业平均市盈率（P—E ratios）来估算企业价值，按照这种估价方法，企业的价值得自于可比较资产或企业的定价。

市盈率法适合轻资产公司，也适合初创公司。通常我们所说的市盈率有两种，如表 5-1 所示。

表 5-1　两种市盈率

历史市盈率	目标公司上一个财务年度的利润（或前 12 个月的利润）
预测市盈率	目标公司当前财务年度的利润（或未来 12 个月的利润）

在实践中，多以预测市盈率来计算公司价值，其估值公式为：公司价值=预测市盈率×公司未来 12 个月的利润。

公司未来 12 个月的利润可以通过对公司财务数据进行预测得出，那么估值的最大问题便在于如何确定预测市盈率了。一般来说，预测市盈率是在历史市盈率的基础上做出一定折扣。比如，2016 年 10 月 21 日深市主板金融行业的市盈率为 14（见表 5-2），则预测市盈率大概为 10；对于同行业、同等规模的非上市公司，参考的预测市盈率需要再打个折扣，即 8～10；对于同行业且规模较小的初创企业，参考的预测市盈率需要再打个折扣，就成了 5～8 了。如果某公司未来 12 个月的预测利润为 100 万元，市盈率为 6 倍，则企业价值为 600 万元。

表 5-2　2016 年 10 月 21 日深交所公布的行业市盈率

行业代码	行业名称	深市主板		中小企业板		创业板		深圳市场	
		公司家数	加权平均	公司家数	加权平均	公司家数	加权平均	公司家数	加权平均
A	农林牧渔	6.00	83.50	16	45.99	8	15.17	30	24.73
B	采矿业	18	78.79	6	49.32	4	284.91	28	73.20
C	制造业	250	27.16	624	51.65	380	74.52	1 254	45.61
D	水电煤气	32	19.56	4	26.74	1	120.46	37	20.36

续表

行业代码	行业名称	深市主板		中小企业板		创业板		深圳市场	
		公司家数	加权平均	公司家数	加权平均	公司家数	加权平均	公司家数	加权平均
E	建筑业	8	43.30	30	42.90	10	68.22	48	46.52
F	批发零售	36	53.50	22	58.69	6	122.30	64	57.64
G	运输仓储	16	23.81	9	58.25	3	83.92	28	29.94
H	住宿餐饮	6	129.11	2	44.87	0	0.00	8	54.43
I	信息技术	9	115.28	44	77.89	99	80.18	152	81.44
J	金融业	11	13.92	6	23.19	0	0.00	17	16.54
K	房地产	53	21.34	11	24.31	0	0.00	64	21.69
L	商务服务	7	56.52	12	34.60	5	67.17	24	41.34
M	科研服务	0	0.00	6	45.15	10	80.30	16	65.46
N	公共环保	9	18.95	5	38.50	7	50.02	21	27.45
O	居民服务	0	0.00	0	0.00	0	0.00	0	0.00
P	教育	0	0.00	0	0.00	0	0.00	0	0.00
Q	卫生	1	13.74	1	144.92	3	76.92	5	54.62
R	文化传播	9	43.24	4	57.26	10	54.33	23	51.23
S	综合	7	53.37	0	0.00	0	0.00	7	53.37

5.2 做大估值的包装艺术

在移动互联网时代，竞争已超越产品本身，非产品竞争被置于突出地位。决定企业估值大小的因素除资产外，还包括团队、文化、营销渠道、创新技术等各种软实力。良好的企业形象不但可以帮助企业“攻城略地”、战胜强手、提高销售额，还可以成为企业做大估值的锐利武器。

从以下几个方面入手（见图 5-4），包装企业，打造良好的企业形象，做大估值。

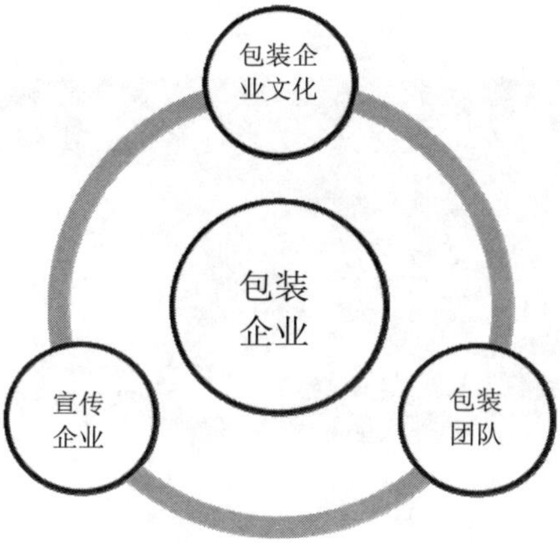

图 5-4　包装企业

5.2.1　包装团队

团队是企业发展的基石，不妨从知识、经验、能力、企业家精神、历史业绩等方面来进行包装，向外界传达一种“高大上”的感觉。

比如人人贷（见图 5-5）的创始团队：张适时，毕业于清华大学经济管理学院金融系；他毕业后背包旅行 8 个多月，游历包括南极在内的 30 多个国家和地区；2008 年就职于香港 Temujin 私募基金，后在家族企业富山矿业集团工作，往返新疆、内蒙古等地。李欣贺，毕业于北京大学数学与应用数学学院金融数学系；曾就职于德意志银行直接投资部，曾任中银国际直接投资部经理、渤海产业投资基金投资经理，在金融投资领域有着丰富的经验。杨一夫，毕业于北京大学数学与应用数学学院金融数学系；后赴荷兰学习金融学，并取得金融学硕士学位；归国后将国外先进的个人信用理念和审核技术引进中国，并致力于使用自己在个人信用审核方面的理论知识和实践经验推动中国诚信体系的建设。

短短几句话，从学历、学识、经验等方面向外界展示了团队强大的竞争力。

图 5-5　人人贷官网

5.2.2　包装企业文化

企业文化可以看作企业的追求及价值观。不妨利用企业文化，向外界传达一种有责任感、积极向上、诚信守法、开放协同的企业形象。

比如 Google 的企业文化：完美的搜索引擎需要做到确解用户之意，且返用户之需。就搜索技术的现状而言，我们需要通过研究、开发和革新来实现长远的发展。Google 致力于成为这一技术领域的开拓者。尽管 Google 已是全球公认的业界领先的搜索技术公司，但其目标是为所有信息搜寻者提供更高标准的服务。

一段话，让人们感受到 Google 是一个开放、创新、用户至上的公司。

5.2.3　宣传企业

在互联网时代，宣传自己很重要，可通过网络杂志、影视广告宣传自己，通过 SEO、APP 推广自己，通过微信、微博让自己曝光。总之，要使企业名声在外，才有可能让估值变大。

例如，小米从一个新手机品牌变成了广为人知的，甚至被疯狂追捧的知名品牌，估值从 0 到 450 亿美元，除产品本身外，营销也功不可没。无论是在微博（见图 5-6），还是在各种媒体论坛，小米抓住每一个曝光自己的机会，使自己零距离贴近用户，把好产品输出成精彩的故事和话题，聚集粉丝，通过口碑传播，形成裂变式营销。

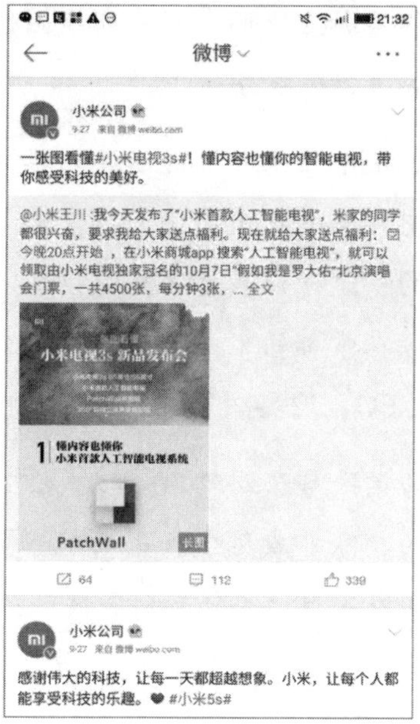

图 5-6　小米微博营销

5.3　故事是做大估值的利器

“行人、车辆请注意，火车就要开过来了，请在拦门外等候，不要抢行，不要钻栏杆……”

伴随着最后一班火车的通过，我站在五道口刚刚装修好的西少爷肉夹馍店外，看着夜色下来来往往的人群，想起自己北漂这三年没日没夜的加班，想起每天和 100 万人挤地铁 13 号线的毫无存在感，想起五道口成为宇宙中心那天我却为了省钱被迫搬到昌平租房的酸楚。我想，那些都是我逝去的青春……

三年前，我和很多人一样，从西安交大毕业后顺利进入了让人羡慕的互联网巨头公司（还是不点公司名字了，我只能说公司大到人人皆知），正式开始我的北漂生活，成为一个拿着高薪的码农，在上地科技园这片充满希望的田野上，挥洒着我的青春热血。那时候父母总以我为骄傲，“北京”、“高薪”、“大公司”这些标签成为他们在家乡朋友圈的谈资，每次电话里都要叮嘱我好好为老板打工，为公司服务。

两年前，我俨然成了半个北京人，说话逐渐习惯带着儿化音，虽然工资涨幅不大，但是偶尔还能和女朋友出去吃火锅、看电影、喝咖啡。都市的精彩在我老家是很难拥有的，这也让我越来越觉得离不开帝都，开始有了扎根帝都的冲动。我开始憧憬在帝都的未来，想必在不久的将来，我就能升职加薪，当上总经理，出任CEO，迎娶白富美，走上人生巅峰……

一年前，华清嘉园的学区房涨到了10万元/米^2，五道口从此成了宇宙中心，而我不屑一顾地认为，除非我脑残，否则绝不会去买这种房子。我还清楚地记得那天回家跟女朋友聊起这个话题时，我说：“五道口一平方米的房价我俩能游遍全中国，两平方米的房价能玩转欧洲，用不了一个厕所的钱就能环游世界了”，说完后我俩放声大笑。

半年后，女朋友却跟我提出了分手，因为我在北京没有房，给不了她安全感。那天是平安夜，我一个人走在冷冷的街上，放声痛哭。那一夜，我被这荒诞的现实击垮了。

身处宇宙中心，我却发现自己其实在这座城市的边缘，每天都伴随着枯燥的Java、MySQL、C++、Python加班到深夜，面对现实沉重的压力，我开始怀疑自己的价值，我北漂到底是为了什么？我真的要当一辈子的码农吗？我写了上百万行的代码为什么一点成就感都没有？

……

2014年4月7日，一篇《我为什么要辞职去卖肉夹馍》的文章火爆网络。文中的“我”，从名校毕业后，顺利进入了一家著名的互联网公司工作，拿着不错的薪水，是父母眼中的骄傲，亲朋好友膜拜的对象。但这样的生活并没有让其获得成就感，女友仍因他无力在北京买房而分手。于是，他决定辞职追求梦想，创造属于自己的餐饮品牌。

这是以西少爷肉夹馍创始人孟兵为原型讲述的一个故事（见图 5-7）。也许是故事情节引起了诸多“北漂”的共鸣，也许是因为好奇有着光鲜亮丽工作的“IT 男”为何辞职去做了低端餐饮，也许是单纯地被文章中的肉夹馍所诱惑……

图 5-7　西少爷官网

总之，这篇文章在网络上迅速传播，“西少爷”也就此名声在外，仅在 2014 年 4 月 7 日开业第一天的上午，事先准备的 1 200 个肉夹馍就全部卖光。开店 8 个月时，他们就卖掉了 100 万个肉夹馍。此后，“西少爷”就如星星之火，在北京城渐成燎原之势，引起了媒体和投资商的足够关注。2014 年年底，这家开业不足一年的“肉夹馍”被估值 4 000 万元。

在这个媒体泛滥、信息爆炸的时代，故事是做大估值的利器。用一个好故事在最短的时间内抓住受众眼球，点燃受众情绪，无论是同情、高兴、愤怒、无奈，还是惊叹、焦虑。总之，让你的故事成为热议的话题，产品销量自然不在话下，估值攀升将成板上钉钉之势。

5.4 商业模式决定估值的高低

商业模式是指企业提供哪些产品或服务，用什么途径或手段向谁收费来赚取利润。商业模式关系到企业利润的大小，也决定了企业估值的高低。

木鸟短租是分享经济模式下的 C2C 在线民宿预订平台（见图 5-8），目前已在全国 396 个城市覆盖约 30 万套房源，涵盖别墅、海景房、四合院、木屋、客栈、窑洞等特色房，给旅游者提供多样化的住宿选择，实现旅游者最本土化的旅行体验。

图 5-8　木鸟短租官网

2016 年 2 月 29 日，木鸟短租宣布获得数千万 B 轮融资，估值达 1 亿美元。高估值的背后，木鸟短租的商业模式起了决定性作用。

木鸟短租以 C2C 模式为切入点，平台作为第三方对接房东与租客。房东通过认证的方式上传自己的房屋信息，由木鸟短租考核审验后上线，供租客挑选。木鸟短租以收取成功交易的订单的佣金和为房主提供增值服务，如景点门票、租车等获取收益。这意味着，在该商业模式下，木鸟短租平台将深度挖掘社会中以房屋为核心的闲置资源，借助分享经济的特性，让房东成为一个线下的“大众点评”入口，满足家庭游、度假、背包客，以及求医、求职、求学、艺考、出差等各类人群的出行住宿需求。

《中国分享经济发展报告 2016》中指出，2015 年中国分享经济市场规模约为 19 560 亿元，其中交易额为 18 100 亿元，融资额为 1 460 亿元，主要集中在金融、生活服务、交通出行、生产能力、知识技能、房屋短租六大领域。

木鸟短租身处旅游 3.0 时代，拥有巨大的市场空间，利用创新的商业模式，让人们花更少的钱住更好的房间，食、宿、游在当地，获得更好的旅游体验，是一个场景加消费的革命，具有很大的发展潜力；同时，紧跟大众旅游潮流，将闲置房屋分享推向高潮，给社会及个人再创新价值，推动社会向前发展，具有超前意义，自然会获得高估值。

5.5　案例：同样是卖手机，小米为什么值 450 亿美元

小米的估值一直是神话般的存在，短短 5 年时间，估值增长 180 倍，让业界甚至包括部分投资人都迷惑不解又艳羡不已。

小米为何值这么多？让我们抽丝剥茧般挖掘背后的根由（见图 5-9）。

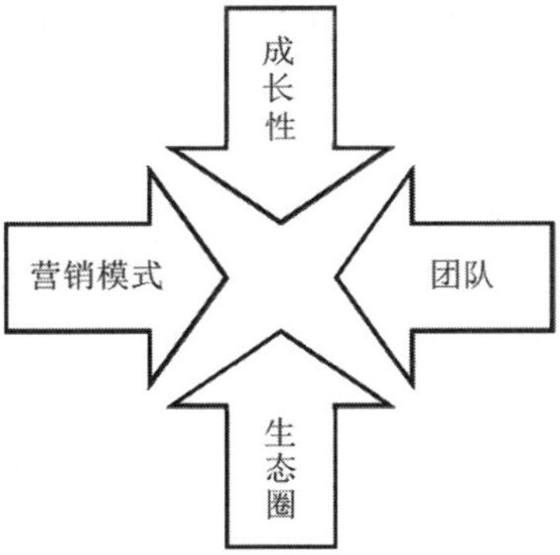

图 5-9　小米高估值的因素

1. 成长性

自 2011 年 8 月 16 日发布第一款产品以来，小米手机销量一直处于高速增长中（见表 5-3）。

表 5-3　2012—2015 年小米手机每年的销量

年　份	销量（万台）
2012 年	719
2013 年	1 870
2014 年	6 112
2015 年	7 000

与此同时，小米的 MIUI 用户数也节节攀升，截至 2015 年 2 月，MIUI 全球用户数突破 1 亿。

远高于同行的增长速度及庞大的用户数，意味着小米的用户势能成型，可以进入品牌和商业价值的输出，从而具备更大的成长空间。

2. 营销模式

从为“发烧而生”到“让用户尖叫”，从“饥饿营销”到“不卖期货”，与“米粉”结缘从线上到线下，小米利用互联网，将市场、营销、渠道、店面等成本全部重构。小米在发展的前三年，主要利用口碑营销和新媒体营销，通过不断制造话题，与基数庞大的年轻用户群保持互动，维持关注力，几乎没有营销费用；在渠道方面，小米采用前店后厂的方式，通过小米官网来销售产品，不但成本低，而且实现了零库存；在市场方面，采用 UGC 模式，即用户产生内容，通过 MIUI 社区（见图 5-10）、微博、公众号、线下活动等与用户的零距离接触，获取他们对小米产品的发展期望，从而有针对性地设计手机功能。

3. 生态圈

除业务上的成长外，从 2013 年开始，小米借助硬件产品抢占互联网入口的生态圈建设就不断加速，手机、PC、电视、汽车和路由器已成为未来发展的五个方向。其中，盒子是电视的配件，平板则是手机与 PC 的中间型产品，而目前小米已经在手机、电视、盒子、平板、路由器等多个入口级硬件产品上完成了卡位，并且在手机这个核心产品上进入到了全球前三的行列；通过投资的方式，小米已经扩张了移动电源、智能手环、空气净化器、智能摄像头、智能血压仪等多个领域，加上 2014 年年底高调入股优酷、爱奇艺，上游投资世纪互联和金山，以及和美的集团的成功牵手，其针对智能家庭、智能可穿戴等领域的“圈子”打造也有声有色。双管齐下，小米生态圈建设初具规模，盈利渠道多样化。

图 5-10 小米 MIUI 社区

4. 团队

小米的创始团队堪称豪华，其中，雷军是金山软件的董事长和著名的天使投资人；林斌是 Google 研究院的副院长；洪锋是 Google 高级工程师；黄江吉是微软工程院首席工程师；黎万强是金山软件人机交互设计总监、金山词霸总经理；周光平是摩托罗拉北京研发中心总工程师；刘德是一位自 ArtCenter 设计院校毕业的工业设计师。

随着业绩的稳健增长，小米吸引了越来越多国际顶尖人才的加盟，团队也进一步多元化。2015 年 6 月，美国高通前全球高级副总裁兼大中华区总裁王翔加入小米，担任高级副总裁，负责战略合作与重要合作伙伴关系；2015 年 7 月，国际投资基金 DST 前合伙人周受资加盟小米，担任首席财务官（CFO）。

综合上述因素，不难看出小米为什么估值高。

第 6 章

股权融资：是馅饼还是陷阱

俗话说，“巧妇难为无米之炊”。再简单的创业模式，也离不开资金支持。纵观各个行业的领军人物，几乎每家企业的背后都有一个或多个投资机构在资金上鼎力相助。比如，已在美国成功上市的阿里巴巴，离不开日本软银和美国雅虎的支持；百度成为国内首屈一指的搜索引擎，离不开美国风险投资商——德丰杰“e 星”投资公司的支持；腾讯获得今天的成就，与美国 IDG 资本、香港盈科数码在资金上的支持不无关系。

融资，是企业成长道路上的必经之役，是馅饼还是陷阱，本章将详细解答。

6.1 常见的股权融资方式

股权融资是指企业股东出让部分企业所有权以引进新的股东，获得资金的融资方式。股权融资所获得的资金，企业无须还本付息，但新股东将与老股东同样分享企业的盈利与增长，承担企业的亏损与下降。

在现阶段，企业股权融资的方式主要有以下几种（见图 6-1）。

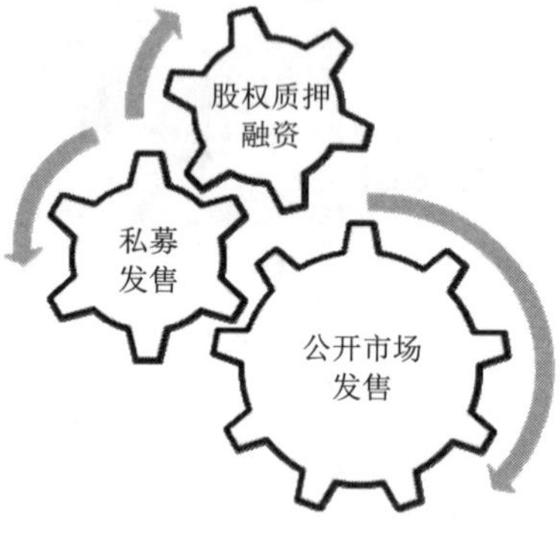

图 6-1　常见的股权融资方式

6.1.1 公开市场发售

公开市场发售，是指通过股票市场向公众投资者发行企业的股票来募集资金，包括我们常说的企业的上市、上市企业的增发和配股，都是利用公开市场进行股权融资的具体形式。

例如，2016 年 10 月 21 日，万集科技（证券代码：300552）和集智股份（证券代码：300553）登陆创业板，通过公开市场发售方式募集资金。其中，万集科技公开发行新股 2 670 万股，发行价格为 12.25 元/股，新股募集资金 3.27 亿元；集智股份公开发行新股 1 200 万股，发行价格为 14.08 元/股，新股募集资金 1.69 亿元。

与其他融资方式相比，企业通过公开市场融资有突出的优点：募集资金的数量巨大；原股东的股权和控制权稀释得较少；有利于提高企业的知名度；有利于借助资本市场进行后续的融资。

但由于公开市场发售要求的门槛较高，企业只有发展到一定阶段，有了较大规模和较好盈利后，才有可能用这种方式融资。

6.1.2　私募发售

私募发售，是指企业自行寻找投资人，通过出让股权获得资金支持，待发展壮大后再通过管理层回购、协议转让等方式重新获取企业股权。对大多数中小企业而言，较难达到上市发行股票的门槛，私募发售是融资的主要途径。

例如，三好网通过私募发售方式完成了三轮融资（见图 6-2）。2014 年成立之初，三好网获得磐谷创投 1 300 万元天使融资；2016 年年初，又获亦庄互联基金、沃衍资本、磐谷创投、金百朋 7 500 万元 Pre-A 轮融资；而仅 5 个月后，在 8 月初又获得清科集团领投的新一轮融资，且清科集团创始人、董事长倪正东和国际知名 PE 投资人罗德军亲自出任三好网董事。

图 6-2　三好网官网

与其他融资方式相比，私募发售的优点在于：产权关系简单、门槛低，无须进行国有资产评估，没有国有资产管理部门和上级主管部门的监管，大大降低了民营企业通过私募进行股权融资的交易成本，并且提高了融资效率；对于企业而言，私募融资不仅仅意味着获取资金，同时，新股东的进入也意味着新合作伙伴的进入，私募机构利用其专业知识、管理经验和广泛的商业网络为企业提供一系列投后服务，协助企业正确决策发展战略、建立现代化管理制度、招募高级管理职位、强化内部系统、优化资本结构等，从而实现企业高效率、低成本运营，业绩和市场双重增长，帮助企业价值全面提升。

6.1.3　股权质押融资

股权质押融资，是指企业以其所拥有的股权作为质押标的物而设立质押，获得融通资金的融资方式。

在融资过程中，出质人是指提供股权保证履行债务的人；质权人是接受出质股权享有变现权利的债权人。

相比于传统的融资方式，股权质押融资也有优势。股权质押只需要在企业股东和质权人协商后即可完成，而在股权质押期间，除转让股权和收取红利受到一定限制外，出质人仍享有股东与出资人的地位，股东权利基本不受影响，具有时间短、方式灵活和不稀释股权的特点。

例如，新三板挂牌企业中山鑫辉精密技术股份有限公司（见图 6-3），是中山最大的集设计与制造为一体的五金精密加工厂之一。由于企业自身经营发展需要，计划 2015 年进行技术改造及厂房建设以扩大规模，所以产生了一定的资金需求。但是，企业能提供的抵押物较少，通过传统银行授信方式较难获得银行授信。为此，企业创新融资方式，向中山中行质押股权 6 000 万股，获得贷款 1 200 万元，解决了企业资金问题。

图 6-3　中山鑫辉精密技术股份有限公司官网

6.2　商业计划书的“减重”与“增肌”

商业技术书（Business Plan，BP）是顺利融资的敲门砖。但在现实中，一个投资者每年都会收到近千份 BP，如果把重复的去掉，那么最少也看过两千多份。因此，如果 BP 能适当地“减重”与“增肌”，在降低投资人思考成本的同时又突出项目亮点，就能提高成功融资的概率。

6.2.1 商业计划书的编制要点

在融资过程中，投资人会着重关注以下几点：市场空间、商业模式、增长速度、团队介绍、产品竞争力、投资风险。因此，商业计划书也应该有针对性地列出这几项（见表 6-1）。

表 6-1 商业计划书的编制要点

序号	提 纲	关 键 词	内 容	建议页数
1	公司及项目介绍	痛点、解决办法	用图形、图片、数据描述你要做的事情，解决了什么痛点，已经取得了什么样的效果	2～3P
2	商业模式	收入模式、目标客户、定价方式、销售和渠道	简单明了地向投资商展示你向谁提供产品或服务，你的产品或服务的主要内容是什么，你如何收钱，以及你的产品或服务是如何制作与提供的等	2～3P
3	市场及竞争分析	市场份额、竞争对手、差异化、竞争壁垒	用图表或数据展示你的产品或服务所拥有的市场空间、在当前市场的占有率、竞争对手情况、进入新行业的优势	1～2P
4	发展规划	阶段战略目标	产品如何推广，公司如何扩张，打算用多少时间做到什么样的业绩，希望占有多少市场份额，能给投资者带来多少回报	1P
5	团队介绍	经验、资源、能力、股权结构	创始团队的从业背景、市场资源、技术实力、业务担当、企业治理结构、股权分配	1P
6	财务规划	盈亏平衡点	用数据、图表展示企业的盈亏平衡点、当下的营收势头，突出业务增长率，让投资者看到你是一只“潜力股”，急需要匹配的融资规模	1～2P
7	风险及控制措施	风险、控制措施	针对项目风险阐述防范措施，展现出对融资项目的把控力度和信心	1P

6.2.2 商业计划书编制的禁忌

有过减肥经历的朋友都知道，减肥分两种方式：第一种是“减重”，第二种是“增肌”。商业计划书的编制也一样，突出要点是“增肌”，避开雷区是“减重”，二者缺一不可。

关于“减重”，有如下几点禁忌（见图 6-4）。

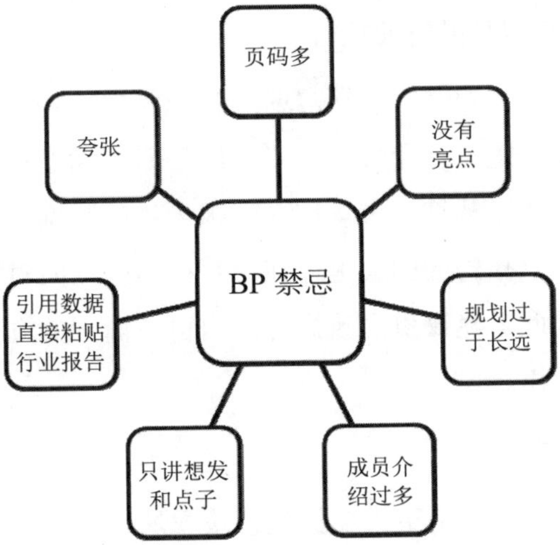

图 6-4　BP 编制的禁忌

1. 页码多

投资者一般时间有限，很可能听完你的报告后，又会接着去听下一个人的讲述，因此商业计划书不要写得太长，最好控制在 20 页以内，将关键词和项目亮点提出，多用图表和数据展示用户数、市场份额、日新增、PV/UV、DAU、留存率、用户停留时长、使用频率、竞品情况、未来发展空间、利润增长率等内容，少用一些描述性语言和带有感情色彩的句子，尽量不要用 Word 展示，也不要在 PPT 中加入过多浪费时间的播放动画。

考虑到微信发送，记得备一份 PDF 格式的文件，因为 PDF 文件对微信来说更为友好。很多 PPT 在微信上查看会发生文字错位或图标无法显示的问题，但 PDF 格式就不存在这些问题，同时还能够有效缩小文件体积。

2. 夸张

很多商业计划书开头就是大话连篇，从宏观经济说到世界形势；或者进行诸多预测，如目前市场有多少用户，如果大家都使用我们的 XXX，我们就有多少用户……或者预计明年收入 100 万元，后年收入 1 000 万元，第三年上市，成为下一个阿里巴巴等。其实，这些都是不切实际的幻想，投资者不但不会感兴趣，反而会认为你的团队思考不深刻，没有属于自己的创新。

3．引用数据直接粘贴行业报告

引用数据在商业计划书中非常常见，但 80%以上的商业计划书都是直接粘贴行业报告。要知道，行业报告一般是用于研判大趋势的，其研究粒度比较粗糙，而创业往往是从细分市场切入，报告里的数据可以说跟细分业务没有太大关系。另外，报告的图表里往往会有很多横纵向对比，其中很多信息都是没有用的。因此，建议引用数据时采用自下而上的方法，有机地推导出所在细分市场的规模。

4．只讲想法和点子

创意点子固然重要，但更重要的是解决方法，因为一个点子往往在被一个人想到的时候，已经被很多人都想到了，如何做才是最重要的。

5．成员介绍过多

很多创业公司认为自己的团队组合很有“杀伤力”，于是把全部成员介绍都放上去。其实，投资人往往只关心那些有股份的、最为核心的三四个人，关心你的创始人团队能力是否与业务需求相匹配。所以，团队介绍一般放 4 个人，最好是只写 3 个人，多用一些类似“BAT 核心业务骨干”、“5 年幼儿教育经验”、“亿级事业部总经理”、“三次连续创业者”等标签。

6．规划过于长远

对于初创公司来说，绝大多数事情都处于快速变化中，根本不知道未来会遇到什么困难，所以太长的规划，如三年以上都是没有太大意义的，建议在具体业务上只做半年到一年的规划。

7．没有亮点

商业计划书不是越全越好，也不是写得越厚越好。很多时候，简单明了更能说明你的底气很足，说明你能把握好关键点。全篇最少要有三个亮点，这里的亮点可能包括：市场规模、市场增长率及市场政策红利等；核心团队中有名企、名校、连续创业者，或者有特别与项目需求匹配的能力等；业务针对后进入者有壁垒，针对同期进入者有竞争力；已开展的业务数据呈快速上升趋势；上轮投资人是知名个人或者知名机构，等等。

不同融资阶段的项目，商业计划书的侧重点是不同的。一般来说，种子期的项目处于 0～1，商业计划书最重要的是把“我在做什么”这件事情讲清楚，可以适当“画饼”；A 轮，最重要的是告诉投资人“我的项目已被证实有市场价值和发展潜力，需要用钱获得更多的用户，这个时候最有说服力的就是漂亮的财务增长数据；B 轮，在“万事俱备，只欠东风”的阶段，这时候用户已足够多，项目大结构已基本稳定，最主要的是告诉投资人“我已经具备变现能力，只需要融资来驱动商业模式”，让投资人对自己投资的回报有信心。

6.3　早期融资的 5 种估值方法

创业初期，除搭班子、建团队、拉用户、验模式外，还有一件极为重要的事情，就是融资，而估值是直接影响融资额的重要因素。

我们推荐以下几种简单易行的估值方法（见图 6-5）。

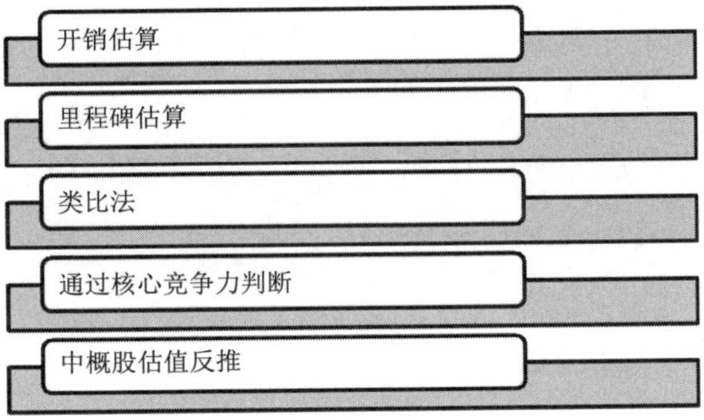

图 6-5　融资的估值方法

6.3.1　方法一：开销估算

公式：企业估值=所需要的资金/愿意出让的股份比例（天使轮一般是 15%～20%）。

假如你需要的是维持团队正常运营和公司发展 12～18 个月的一笔资金，根据可能雇佣的人员工资、租用场地的费用、购买办公设备的费用、市场推广费用等，除以“你愿意出让的股份比例”，就可以简单得出你当前的估值。

举例说明：如果公司有 10 个人，按照市场工资计算，每月人力成本为 10 万元，公司场地租金为 1.5 万元，办公费花销为 5 000 元，推广成本为 3 万元，愿意出让 15%的股份融到 1 年发展所需的钱，那么公司估值=(10+1.5+0.5+3)×12/0.15=1 200 万元。

6.3.2 方法二：里程碑估算

方法二类似于方法一，估算“直至下一个里程碑事件公司所需花费的钱”，然后在估算结构上乘以一定倍数，得出当前估值。什么叫“里程碑事件”呢？比如做到一个量级的用户、做成多大规模的付费用户、达到多少市场占有率，或者打通了某个闭环的重要部分等。里程碑事件是促成下一轮融资的关键，一般在估算结果上乘以 1.5～2.0 倍是比较明智的。

举例说明：用 6 个月做到 3 000 万量级用户，公司需要 10 个人，按照市场工资计算，每月人力成本为 10 万元，公司场地租金为 1.5 万元，办公费花销为 5 000 元，推广成本为 3 万元，愿意出让 15%的股份融到 6 个月所需的钱，那么公司估值=(10+1.5+0.5+3)×6/0.15=600 万元。

6.3.3 方法三：类比法

如果创业团队在融资前已经有类似的项目在某些细分行业拿到了钱，那么在之后的融资中，可以参照差不多的估值去融资。

比如，给西少爷肉夹馍估值，可以参照黄太吉、日食记、宋小菜等融资时的估值。

6.3.4　方法四：通过核心竞争力判断

通过核心竞争力来判断，如社交类产品的活跃用户数和留存率、平台类项目的付费用户和市场资源等，并结合发展上限、市场天花板来进行估值。但要注意的是，不同市场规模的估值不能相提并论，需要结合整个市场规模、集中度、可能达到的市场份额和其中的利益分配比例，做出比较充分的认知和理解，才能得出相对准确的估值。

比如，给互联网产品估值，用户量、用户体验、用户黏性是核心竞争力；给硬件产品估值，创新性是核心竞争力；给媒体公司估值，可能渠道是核心竞争力。

6.3.5　方法五：中概股估值反推

中概股是指在海外注册和上市，但最大控股权（通常为 30%以上）或实际控制人直接或间接隶属于中国内地的民营企业或个人的公司。中概股每次市值的波动，实际上是市场对热潮之后市值的一种修正，根据中概股公司的市值和数据来进行判断，反推企业估值，是比较有根据的。

以聚美优品为例（见图 6-6），作为细分电商行业中的中概股市值，反推同类早期项目的估值。

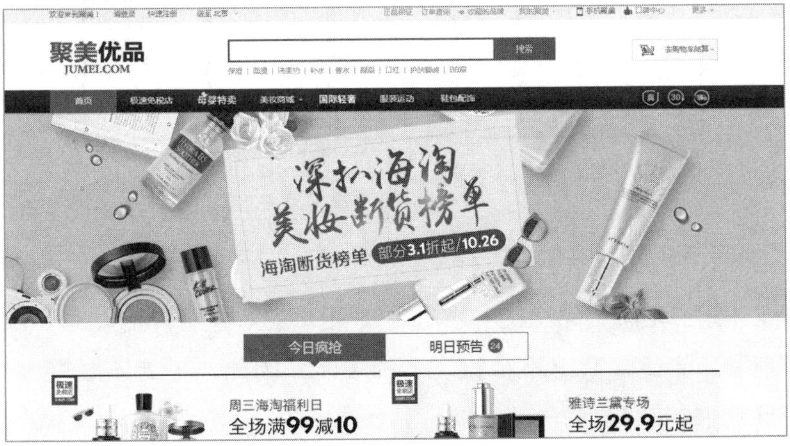

图 6-6　聚美优品官网

聚美优品在2014年上市时，股价高达22美元，市值38亿美元，经过市场的修正和调整，截至2016年5月7日，聚美优品的市值是8.9亿美元。那么，我们假设平均每轮估值溢价为3～5倍，从天使轮到C轮，然后IPO上市，我们可以看到，按照现在聚美优品的市值，天使轮的估值也就在300万～500万美元（见表6-2）。

表6-2　每轮融资的估值

融资轮次	估　值
IPO后	8.9亿美元
C轮	2亿～3亿美元
B轮	0.5亿～1亿美元
A轮	2 000万～3 000万美元
天使轮	300万～500万美元

企业在对比估值的时候，同时可以对比相应的市场份额和财务数据，对未来可能达到的营收和利润进行预估和规划，并对其估值做出修正和调整。

6.4　熟悉融资流程

创业公司的融资流程一般经过下面几个步骤（见图6-7）。

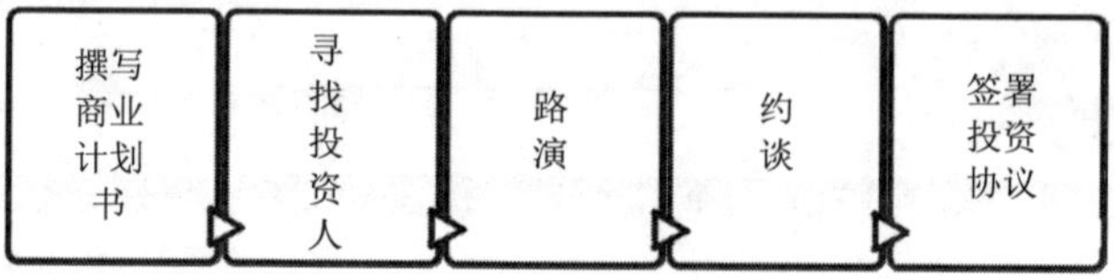

图6-7　融资流程

1. 撰写商业计划书

商业计划书是融资路上的“敲门砖”，用于应对各路投资人。一份出彩的商业计划书，能让你获得不少投资者的关注，因此，千万不要轻视用心撰写商业计划书的意义。

2．寻找投资人

通过众筹网站、网络搜索、朋友介绍、中介、参加风投界见面会等方式寻找投资人，总之，用各种方法寻找你的“财神爷”。比如，在日常经营中多积累人脉，多关注投融圈的动向，想办法进入私募融资业务的圈子。一般情况下，投融圈都少不了这几种人：律师、会计、审计、资产评估等人员，可以先从这些人员入手，先进入他们的圈子，再找到投融圈；或者也可以构建自己的圈子，大家互通信息，分享机会。在这个圈子中，有一些成功的企业家，而他们的成功离不开投资机构的支持，我们可以和他们搞好关系，获得被引荐的机会；另外，很多财经媒体也是有力的推荐人，我们不妨多接触一些财经记者、撰稿人等。

3．路演

路演是目前国际上广泛采用的项目推广方式。参加路演，将有机会一次接触许多投资人，可以节省大量成本。同时，路演活动可以让你接触到其他行业的创业者，也是一个不错的寻找合作方的渠道。但应该注意的是，不是所有路演都要去，事先关注到场的投资机构及投资人名单，向合适的对象展示自己。

4．约谈

如果路演给投资人留下了好印象，就有机会展开私下约谈。约谈主要是让投资人进一步了解你的项目和团队、运作方式、盈利能力、融资需求等，为签署投资协议打基础。

5．签署投资协议

约谈后如果投资人依然有意，就进入到具体投资细节的谈判中，双方就投资方式、排他性条款、估值差异、交易费用、交易结构、融资金额等展开谈判，并签署最终投资合同。这个阶段可能存在很多“陷阱”，建议创业者聘请律师，仔细检查条款，三思而后行。

6.5 股权融资的 13 个陷阱

太子奶与英联投资、摩根士丹利、高盛对赌，最终创始人李途纯完全退出太子奶集团，企业整体陷入艰难重组、前景不明的局面；中国永乐与摩根士丹利、鼎晖投资对赌，永乐最终输掉控制权，被国美收购；吴长江引入软银赛富和施耐德后被逼出雷士照明。以上案例说明融资是有风险的，暗藏陷阱，一不留神，就会满盘皆输。

具体来说，以下条款在融资过程中需要格外注意。

6.5.1 财务业绩对赌

财务业绩对赌是融资中惯用的条款，要求融资方在约定期间能实现承诺的财务业绩，否则投资方有权要求回购股份或做出补偿。

例如，2007 年年初，为解决资金困境和尽快实现上市，太子奶集团在引进英联、摩根士丹利、高盛等风险投资 7 300 万美元时，签了一份对赌协议：在收到 7 300 万美元注资后的前 3 年，如果太子奶集团业绩增长超过 50%，就可以调整（降低）对方股权；如果完不成 30%的业绩增长，太子奶集团创始人李途纯将会失去控股权。结果，在 2008 年金融危机的影响下，加上三聚氰胺事件，太子奶集团发展乏力，最终被三大投行一口“吞下”。

因此，在财务业绩对赌时，企业应根据自身发展状况，设定合理的业绩增长幅度，且不可抱赌徒心理，承诺值过高。

6.5.2 上市时间对赌

上市时间对赌，即要求融资企业在约定时间内上市，否则投资方有权要求回购股份或做出补偿。

某餐饮企业创始人痛失企业控制权，源于一份上市对赌协议。

2008 年，为了支持门店扩张计划，该创始人引入了国内知名投资机构。当时企业估值约 20 亿元，投资机构以 2 亿元的价格换取了 10%的股权，并与该创始人签署了对赌协议，“如果非投资方原因造成企业无法在 2012 年年底上市，那么投资方有权以回购方式退出企业”。但在随后的 IPO 进程中，企业却屡屡折戟。在这种情况下，触发了对赌条款，投资方要求创始人按对赌协议高价回购股份。最终，经过几番转手，公司被其他机构接管，创始人彻底出局。

这个案例是典型的上市时间对赌，对企业而言，也是一重陷阱，需要格外谨慎。

6.5.3　非财务业绩

除财务业绩外，对赌标的还可以是非财务业绩，如 KPI、用户人数、产量、产品销售量、技术研发、市场份额等。

例如，在融资协议中约定：规定在一定时间内，企业用户量必须做到多少量级，否则投资方有权以回购方式退出企业。

6.5.4　关联交易

关联交易条款一般要求融资企业在约定期间不得发生不符合章程规定的关联交易，否则公司或大股东须按关联交易额的一定比例向投资方赔偿损失。关联交易主要是防止利益输送。

例如，在融资协议中约定：在公司上市前，不得与母公司之间发生不符合章程规定的关联交易，否则公司或大股东须按关联交易额的一定比例向投资方赔偿损失。

6.5.5　债权和债务

该条款一般要求融资公司向投资方披露对外担保、债务等，否则在实际发生未披露的赔付后，投资方有权要求公司或大股东赔偿。

债权和债务赔偿金额=公司承担债务和责任的实际赔付总额×投资方持股比例

例如，在融资协议中约定：股权交割完成后，出现实际发生未披露的赔付后，投资方有权要求公司或大股东赔偿。

6.5.6 竞业限制

该条款一般要求融资公司在上市或被并购前，大股东不得通过其他公司或通过其关联方，或以其他任何方式从事与公司业务相竞争的业务，或者要求创始人在几年内不能离职，如果离职了，几年内不能从事与公司业务相竞争的事情。

例如，在融资协议中约定：公司上市或被并购前，创始人不能离职。

6.5.7 股权锁定

该条款是指对股权转让设置一定条件，仅当条件达成时方可进行股权转让，或者也可能要求公司大股东或创始人在一定期限内不得转让所持股份。

例如，在融资协议中约定：公司上市或被并购前，创始人不能转让股份。

6.5.8 反稀释权

反稀释条款也称反股权摊薄协议，是指目标公司在进行后续项目融资或者定向增发过程中，投资人为避免自己的股份贬值及份额被稀释而要求获得与新投资者同样的购股价格。

例如，在融资协议中约定：公司在进行后续项目融资时，投资人可获得与新投资者同样的购股价格。

6.5.9　优先分红权

优先分红权，即要求公司每年分配利润时，PE、VC 优先于其他股东。

优先购股权，即公司上市前若要增发股份，PE、VC 优先于其他股东认购增发的股份。

优先清算权，即公司进行清算时，投资人有权优先于其他股东分配剩余财产。

6.5.10　共同售股权

公司原股东向第三方出售其股权时，PE、VC 以同等条件根据其与原股东的股权比例向该第三方出售其股权，否则原股东不得向该第三方出售其股权。此条款限制了公司原股东的自由。

6.5.11　强卖权

投资方在卖出其持有的股权时，要求原股东一同卖出股权。强卖权很有可能导致公司的控股权旁落他人，需要特别警惕。

6.5.12　管理层对赌

当某一对赌目标没达到时，要求获得融资公司董事会多数席位，增加其对公司经营管理的控制权。

例如，在融资协议中约定：如果公司不能在 2015 年年底前实现上市，投资人可获得公司董事会中的 3 个席位。

6.5.13　违约责任

任一方违约的，违约方向守约方支付占实际投资额一定比例的违约金，并赔偿因其违约而造成的损失。

在企业融资中，投资人为了规避风险、争取利益最大化，常常设定各种条款。这时候，握有制定对赌协议条款主动权的风险投资人，他们在设计条款时自然会倾向于自己一边。对于经验不足、专业辅助力量薄弱的融资人来说，最好聘请专业律师，谨慎审读每一条条款，权衡利益，谨防落入融资陷阱。比如，可要求在对赌协议中加入更多柔性条款，或者从多方面的非财务业绩标的入手，让协议更加均衡可控。

6.6 案例：Airbnb 8.5 亿美元融资，他们抓住了什么风口

Airbnb（空中食宿）成立于 2008 年 8 月，总部设在美国加州旧金山市（见图 6-8），是一个旅行房屋租赁社区，用户可通过网络或手机应用程序发布、搜索度假房屋租赁信息并完成在线预订程序。

Airbnb 用户遍布 167 个国家近 8 000 个城市，发布的房屋租赁信息达到 5 万条，被时代周刊称为“住房中的 EBay”。2016 年 2 月，《Fast Company》评出了 2016 年度“全球 50 家最具创新力公司”，Airbnb 排名第 31；2016 年 6 月，全球最有活力品牌百强榜出炉，Airbnb 排名第 51。

图 6-8　Airbnb 官网

2016 年 9 月 23 日，Airbnb 完成了 5.55 亿美元的新一轮融资，本轮融资由谷歌资本、Technology CrossoverVentures 领投（见表 6-3）。据了解，本轮融资后，Airbnb 的估值达到 300 亿美元，较上轮的 255 亿美元，增长了 15%，超越万豪、Starwood、Hyatt 等众多知名连锁酒店公司。

表 6-3 Airbnb 每轮融资的信息

时　间	轮　次	融资金额	投 资 方
2016 年 9 月	F	5.55 亿美元	谷歌资本、Technology CrossoverVentures
2016 年 6 月	F	10 亿美元	摩根大通（JPMorgan Chase & Co.）、花旗集团（Citigroup Inc.）、美国银行（Bank of America Corp.）
2015 年 6 月	战略投资	15 亿美元	General Atlantic Inc、中国高瓴资本、老虎全球基金、Wellington Management 和 Baillie Gifford
2014 年 4 月	D	4.75 亿美元	红杉资本和 Andreessen Horowitz

短短一年内，Airbnb 就融到几十亿美元，让我们看看其背后的故事（见图 6-9）。

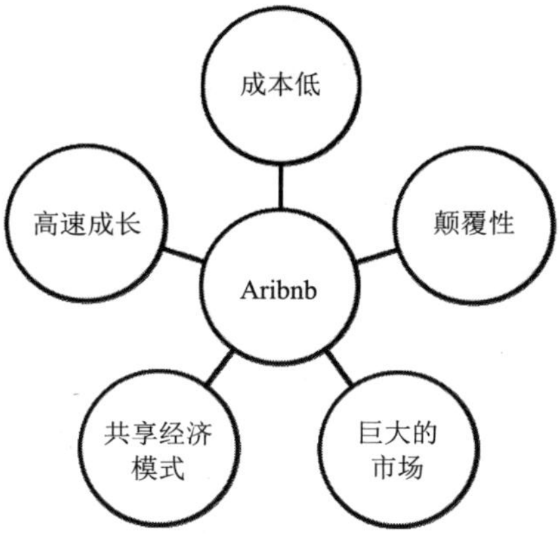

图 6-9 Airbnb 融资的背后

6.6.1 高速成长

与 2008 年夏天刚推出时只接待了三名租客相比，如今的 Airbnb 如日中天。

在用户数量上，Airbnb 2012 年用户数达到 400 万，比 2011 年增加了 300 万；到了 2015 年，这一数量又翻了数倍，用户数达到 3 500 万。而现在，全球有超过 5 000 万人追随最初那三名租客的脚步在 Airbnb 订房（见图 6-10）。

在酒店数量上，2014 年 2 月，Airbnb 的房间数还只有 30 万间，但到 2014 年 12 月就已经增长到 100 万间。与之相比，其他主要酒店集团如希尔顿、万豪、洲际等的房间数都不到 70 万间。

在营收上，Airbnb 迅速占领市场并获得稳定的盈利。据报道，Airbnb 自从 2008 年成立以来，亏损不到 2.5 亿美元，仅在 2015 年第三季度，Airbnb 就收入 3.4 亿美元，订单总额为 22 亿美元，该年全年收入近 10 亿美元。

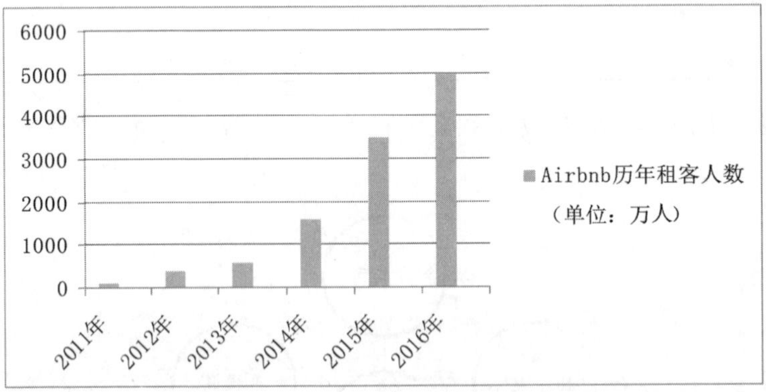

图 6-10　Airbnb 历年租客人数

6.6.2　共享经济模式

共享经济的理念就是共享一切社会资源，彼此以不同的方式付出和受益，共同享受经济红利。举个简单的例子，滴滴顺风车。原本每天都会一个人开车上下班，有了滴滴顺风车，可以在上下班途中搭载同路人，既方便了别人，也给自己赚了油钱，何乐而不为？

Airbnb 搭乘共享经济的“东风”，利用互联网技术和互联网平台，共享了信息基础设施，以及社会上可以充分利用的闲置房屋资源，实现了供求的有效对接，使房主获得收益，给游客提供更加便利、成本更低、体验更好的住宿服务。

6.6.3　巨大的市场

Airbnb 面对的主要是自由行市场，空间巨大。从区域分布来看，2015 年自由行在亚洲所占的市场份额为 50%～60%，欧洲为 70%～80%，北美高达 90%。以中国为例，2015 年中国出境自由行市场规模已达 9 300 亿元，出境自由行人群高达 8 000 万人次，人均消费 11 625 元；2015 年中国国内自由行市场规模为 3 万亿元，国内自由行人群高达 32 亿人次，人均消费 937.5 元。中国自由行市场增长率为 16.7%，是全球的三倍。

Phocuswright 研究副总裁 Douglas Quinby 在与 Gremillon 讨论时指出，70% 的旅行者甚至从未考虑过“度假租赁”，因此 Airbnb 在未来还有巨大的增长空间。

6.6.4　颠覆性

“无论您想在公寓里住一个晚上，或在城堡里待一个星期，又或在别墅中住上一个月，您都能以任何价位享受到 Airbnb 在全球 190 个国家的 34 000 多个城市为您带来的独一无二的旅行体验。”

Airbnb 在官网上“关于我们”的页面写着上述这句话。的确，作为共享经济的标本，Airbnb 正在改变着我们的生活方式。

1．Airbnb 颠覆了传统酒店的组织形式

传统酒店的房间数是固定的，不管有没有人住，每天都有固定的房租和员工支出，是集中式的重资产模式，要想盈利，必须保证低客房空置率；而 Airbnb 将分散的资源聚合在一起，把闲置的房屋提供给各类自由行人员，并不需要任何成本。

另外，在房源数量调控上，Airbnb 要比传统酒店业更有弹性。例如，当某地举行大型活动时，房屋出租收益较高，也就有更多房东愿意把闲置房间提供出来；而传统酒店业缺少这种动态的适应能力，在淡季要忍受高房间空置率，在旺季却因为只能提供较少的房间而错失赚钱良机。

2. Airbnb 颠覆了传统酒店接触住客的方式

Airbnb 是一个信息互动平台，供房东与住客交换信息，颠覆了传统酒店只能通过旅行社与客户接触，或坐等客户上门才能沟通的方式。

Airbnb 不断优化系统，帮助客户进行房屋筛选，客户可以通过该系统主动寻找住房，体验个性化的住宿服务。

6.6.5 低成本

Airbnb 整合线下的闲散物品或服务者，以较低的价格提供产品或服务，其商业模式的核心基础是“连接+闲置+价值+回报”，在这个过程中，大量削减了传统酒店模式中的冗余成本；在运营过程中，Airbnb 也不需要追加过多的投入，只需购置服务器和雇佣少量人员，就能够实现扩张与利润的持续增加。而这些利润和轻资产模式又可以让 Airbnb 无后顾之忧地投入后续软件与系统的升级，进入良性循环，在竞争中形成垄断地位。

综合这些因素，Airbnb 打消了诸多投资人的疑虑，在融资道路上行进得异常顺利。

第 7 章

股权投资：进入“黄金”时代的助推剂

巴菲特曾说过，金融业是永远不落的帝国。而他也一直坚守这一信念，通过产权和股权投资，终生拥有可口可乐、宝洁等几大世界著名企业的股份，身价超过 4 200 多亿美元，实现了自己的财富人生。

素有“亚洲巴菲特”之称的软银集团创始人孙正义，在 1990—2010 年日本“失落的 20 年”期间选择了中国，投资马云的阿里巴巴。

2000 年开始，孙正义通过股权投资的方式向阿里巴巴累计投资 2 300 万美元，持股 34.4%。2015 年 9 月，阿里巴巴在美国纽交所上市，市值达到 1 748 亿美元。按此计算，软银股份价值 596 亿美元，暴赚 593.8 亿美元，投资回报率高达 258 倍，孙正义一跃成为日本首富。

这就是股权投资的财富倍增效应，而在当今中国，股权投资作为一种最赚钱、盈利能力最强的商业模式，正在推动我们进入“黄金”时代。

7.1 股权投资的中国特色

在社会巨变、经济转型的背景下，我们已经悄悄地进入一个浩瀚辽阔的股权市场时代。随着“大众创业、万众创新”国家战略的推进，股权投资已经全面爆发能量。

普华永道最新发布的数据显示，2015 年，中国私募股权基金参与投资交易的金额规模达到 1 921 亿美元，同比增长 169%，在全球开始占据半壁江山，比例从 2014 年的 21%迅速攀升至 2015 年的 48%（见图 7-1）。

作为时下最赚钱的商业模式之一，股权投资（Equity Investment）是指企业或者个人通过货币资金购买其他企业（准备上市、未上市公司）的股票或是以无形资产和其他实物资产直接投资于其他单位，取得被投资单位的股份，最终通过转让退出获得较大经济利益的行为。区别与债券、债权等投资方式，股权投资是高投入、高风险与高收益的象征，通常被归于另类投资，具有以下基本特点（见图 7-2）。

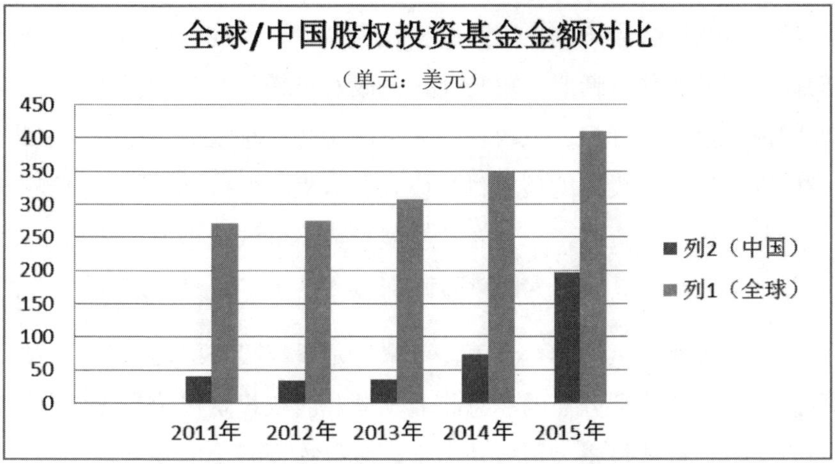

图 7-1 全球/中国股权投资基金金额对比

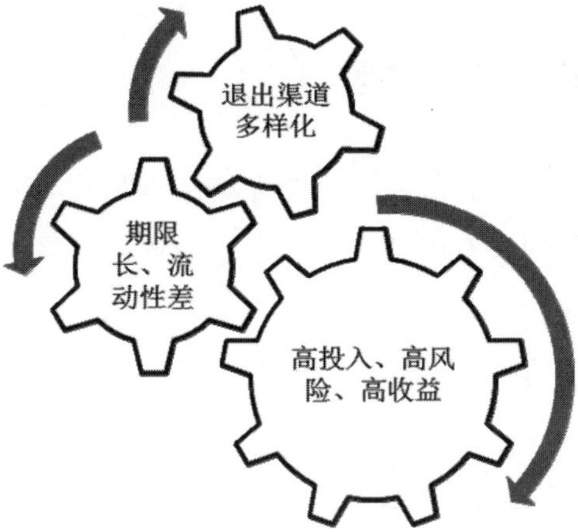

图 7-2 股权投资的基本特点

7.1.1 高投入、高风险、高收益

股权投资大都是巨额资本的投入，涉及的投资金额动辄都是上千万美元，甚至上亿美元。例如，2016 年年初，阿里巴巴投资美国 AR 技术公司 Magic Leap，涉及资本 7.935 亿美元；2016 年 5 月，苹果投资滴滴出行，涉及资本 10 亿美元；2016 年 9 月，红杉资本中国基金、戈壁创投联合投资天机数据 1 000 万元。

高投入自然也会带来高风险。股权投资多以权益性投资为主，通过选择有利的投资工具，如普通股、可转让优先股及可转债等多种工具形式，以获取企业的控制权、管理权、表决权等为目的，是一种权益性投资。在此方式下，股权投资与债权投资的还本付息模式有着根本的区别，股权投资不需要被投资企业偿还投入资本，一旦企业发展形势不好或是被破产清算，投资机构可能会血本无归，具有很大的风险。

而在高投入和高风险的背景下，带来的是股权投资的高收益。与债权投资获得投入资本若干百分点的孳息收益不同，股权投资以出资比例获取公司收益的分红，一旦被投资公司成功上市，股权投资基金的获利可能是几倍或几十倍，甚至上百倍、上千倍。

7.1.2 期限长、流动性差

股权投资一般是对非上市公司的投资，存续期限可达 5～10 年或更长，往往伴随着企业从初创到发展壮大的整个生命周期，属于中长期投资；在这期间，如果没有现成的市场供股权出让方与购买方达成交易，投资者就需要长期持有被投资企业的股权，流动性较差。

7.1.3 退出渠道多样化

随着国内资本市场的完善，股权投资的退出渠道也日渐增多，有首次公开募股（IPO）退出、转售退出（TradeSale）、兼并收购（M&A）退出、回购退出、挂牌新三板、挂牌科创板退出等众多方式。

而作为引领未来大趋势的投资方式，股权投资除让资本实现增值外，也是企业布局未来商业模式、整合生态链的手段之一。

2015 年 2 月，阿里巴巴集团宣布向魅族手机投资 5.9 亿美元。从表面上来看，这是阿里和魅族就移动端深度合作达成的一笔交易，但进一步挖掘后不难发现，这其实是阿里完善生态圈的一个计划。

在移动互联网时代，手机作为最贴近用户的入口，掌握着巨大的流量来源，各大厂商都在为争取到尽可能多的流量而努力。阿里巴巴投资魅族，就是希望以魅族整个生态圈作为流量入口，让自家的服务、应用在魅族的平台上获得更多的流量转化，并且让这些流量尽可能多地流向自家的生态圈，不断循序成为一个封闭的闭环。比如，移动端推送吃、穿、住、行的信息，用户点击后，可能会直接连接到淘宝，很可能产生购买行为，那么这个点击的流量就转化成了销量。

再如，2015 年 12 月，阿里巴巴向饿了么投资 12.5 亿美元，持股 27.7 %，成为其第一大股东。究其用意，主要是为了在生活服务领域布局外卖 O2O 这一商业模式。

易观智库发布的 2015 年 10 月中国外卖市场发展报告显示，饿了么以 33.4%的整体份额领跑外卖市场（见图 7-3）；在 APP 下载热度方面，饿了么在 App Store 的总榜排名及三大安卓市场的下载量均持续大幅领先（见图 7-4），其中最高排名达第 6 名，三大安卓市场总下载量达 2 930 万次，比第 2 名的美团外卖高近 16%，成为最受欢迎餐饮类 APP；在活跃度方面，饿了么以 1 064.9 万人的活跃用户数高居餐饮类 APP 榜首，比美团外卖和百度外卖的总和还多，反映出其强劲的增长势头。

图 7-3　2015 年 10 月饿了么在线外卖整体市场份额第一

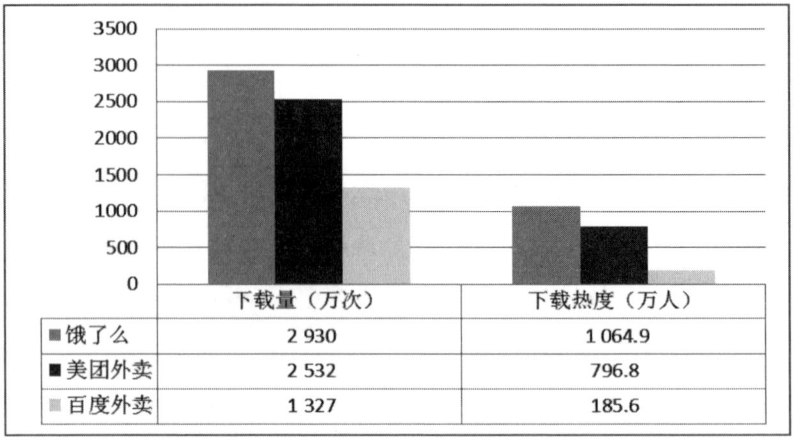

图 7-4　饿了么累计下载量、活跃度领跑外卖类 APP

拥有了饿了么，阿里巴巴可以补足口碑网短板，打造足以跟“新美大”抗衡的力量；同时，强化自己在外卖 O2O 领域的控制地位，进而吃掉整条产业链。

7.2　股权投资，选择项目的逻辑

股权投资伴随着巨大的市场风险，是一把 “双刃剑”，投得好，会带来高额收益；投不好，可能血本无归，而项目的质量好坏，事关投资成败。

7.2.1　选产品还是选平台

互联网领域有句话：“产品型公司值十亿量级，平台型公司值百亿量级，生态型公司值千亿量级。”虽然这个说法过于笼统，也不够科学严谨，但是对照一下已经上市公司的市值或获得投资公司的估值，还是有一定道理的。

具体来看，产品型公司是指满足用户某种单一需求或特定需求的公司，如一些工具和 APP 类公司。目前，绝大部分公司均在此列，这些公司市值在几十亿美元就到顶了。平台型公司好似同一个供应链上众多企业共享的平台，拥有独树一帜的精密规范和良性循环机制，能有效激励多方群体之间的互动，达成平台内企业的愿景，市值大都在百亿美元以上，如淘宝、360、瓜子二手车、简书、新浪、滴滴等企业，搭建一个信息发布、浏览、互动、分享的平台，通过提供免费的基础服务扩大用户量，获取增值服务和广告营业收入。平台型企业通过内部构建和外部并购整合，发展成生态型企业，具有高度灵活性和强大的新陈代谢能力，能够自我更新、排除内部“垃圾”，始终保持旺盛的生命力，如苹果、谷歌、阿里巴巴、腾讯等，市值都在千亿美元以上。

从数量上看，三种公司呈金字塔结构（见图 7-5），产品型公司位于最底层，数量最多；平台型公司位于中间层，数量较少；生态型公司位于最顶层，数量最少。

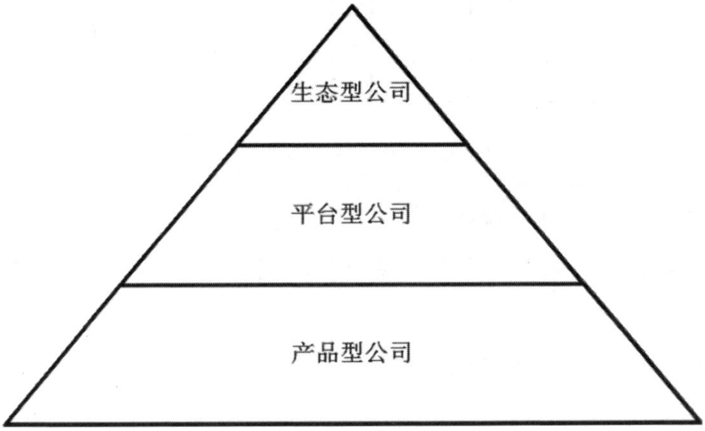

图 7-5　产品型、平台型、生态型公司呈金字塔结构

在投资市场中，生态型公司多扮演投资者的角色，即使遇到资金问题，也能内部解决，很少求助外部投资者；平台型公司处在一个承上启下的阶段，需要借助外部资源及资本力量完成扩张，同时又拥有流量、用户和数据方面的优势，加之代表着未来互联网经济的发展趋势——分享经济，成长性较佳，投资成功率较高。

比如淘宝为什么能成功，就是因为身处以人为本的财富 3.0 时代，产品已经足够丰富、足够多，供大于求，政府也在大力提倡“供给侧改革”和“淘汰落后产能”，商家要做的就是如何聚集消费者，把这些产品销售出去；用户的需求也更加多元化、个性化，各种边界、壁垒、门槛、围墙都在被不断地打破和重构。淘宝抓住机会，及时从做“产品”切换为聚“群众”，前期通过刚需免费，为整条产业链上的企业提供销售、推广、支付、售后、商品管理、数据分析等对应的解决方案，并利用其产业链生态优势，将其最优质的服务提供给用户，从而将分散的消费者、多元化的商品聚集起来，增强买卖双方的联动性，获得海量用户；后期因为握有千万级黏性超强的移动和 PC 终端，则可以邀请企业来一起参与自己所制定规则的游戏，从多个渠道实现盈利（见图 7-6），并使这个平台持续扩大。类似的企业还有百度、360 杀毒软件、58 同城等。

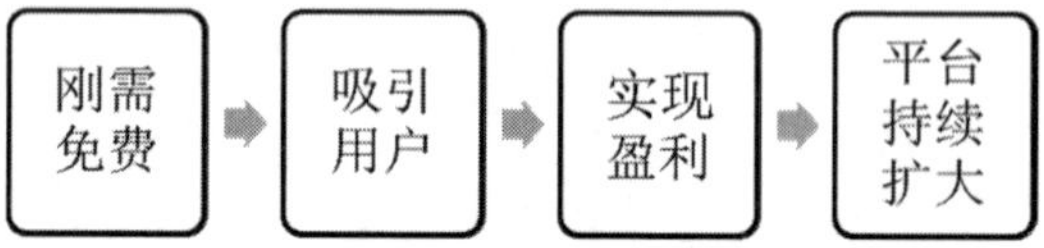

图 7-6　平台型公司的发展

产品型公司，相对风险系数较大，但如果产品具有创新性，代表着市场需求，且企业有成长为平台型公司的潜质，则也可以考虑。

7.2.2　精英团队必备的素质

投资圈有句名言：“投资就是投人。”很多优秀的投资人选项目，首要考虑的往往不是商业模式，而是创始团队，尤其是创始人的综合能力。和充满变数的商业模式相比，创始团队的能力反而比较容易衡量，他们也是商业模式的设计者和执行者。

专注于投资初创公司的风投公司 Shasta Ventures 研究了 32 家即将成为独角兽公司的初创团队，发现其创始人基本都是名牌院校出身，其中有 6 个创始人毕业于斯坦福大学，4 人毕业于沃顿商学院；创始人研究领域比较集中于计算机科学、经济、商业、历史、电气工程和产品工业设计六大领域；创始人的工作经验平均为 6 年，在创业之前大部分创始人在高科技公司任职，拥有丰富的 VC、管理咨询和财务经验，并掌握用户体验、产品管理、电子商务及战略合作伙伴关系等多方面的技能。

除上述硬件条件外，一个优秀的创始人还需要具备以下几种能力（见图 7-7）。

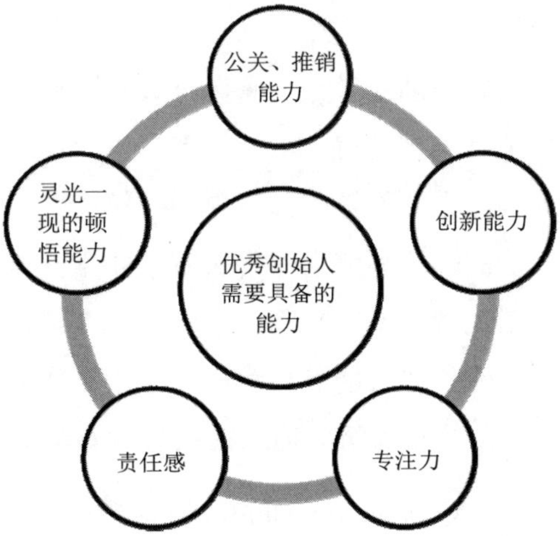

图 7-7　优秀创始人需要具备的能力

1. 灵光一现的顿悟能力

在瞬息万变的市场中发现有形的、可行动的机会，以发自内心的热情将这些灵光一现的顿悟付诸行动，并给出实现的途径与方法，有可能开拓出一个巨大的市场，这种能力应该是创始人必备的。

例如，Efficient Frontier 的创始人 Anil kamath，他拥有斯坦福大学的计算机科学博士学位，同时也拥有灵光一现的顿悟。在他职业生涯的早期，主要为 D.E. Shaw & Co.对冲基金设计交易模型，在那里，他发现通过搜索引擎帮助消费者比较不同购物网站的产品是一个好主意，于是他创建了一家搜索引擎公司。后来这家公司被 Shopzilla 收购。在 Shopzilla，Anil 了解到搜索在推动网络流量、吸引用户方面的重要性，他想到设计一个数字媒体优化平台，利用上百万的关键词和其他互联网广告工具来帮助那些参与电子商务的人。正是 Anil 对商机的洞察，才带来了这个领先的数字媒体优化平台。

百度的创始人李彦宏也拥有这种能力。1995年起，李彦宏每年都回国进行考察，发现国内的互联网正在发生翻天覆地的变化，但在搜索引擎这一块却是空白。经过深思熟虑后，1999年，李彦宏认定环境成熟，于是启程回国，着手创建了百度公司。

2. 公关、推销能力

在现代社会中，优秀的创业者必须掌握公关与推销技巧，能巧妙地利用各种宣传媒介和宣传工具来推销自己、感染下属，也懂得利用媒体来化解突发性的公共危机。这种能力并不是一种简单的推销能力，也不是营销员的美化版，而是对一个想法的热情和信念非常执着、非常真诚、非常明确、非常具有感染力，可以利用这种热情来打动、说服任何人。从商业合作伙伴到员工，再到投资者、客户或任何可能参与解决方案的工作人员，只要听了他的描述，一定会被其卓越的才华和努力追求的执着所感染。

BlueKai公司的创始人Omar Tawakol，拥有麻省理工学院和斯坦福大学的计算机科学学位，具有非凡的专业技能；同时他还拥有优秀的公关、推销能力。其曾在两家初创公司担任营销总监，积累了丰富的媒介经验，能够深度鉴别在数字媒体中受众定位的重要性，就像汤姆·克鲁斯在《甜心先生》中扮演的Jerry Maguire一样，无论是为顾客解释产品的战略潜力，还是处理技术细节，他都能从容淡定，执行得恰到好处。

3. 创新能力

创新是企业成长的原动力，没有创新，就做不出竞争壁垒，就不可能长期持续发展。在移动互联网时代，只有通过不断创新模式、思路、技术，一个项目才能快速地获得用户，并提高用户使用效率、降低用户使用成本、提升用户体验，从而初步建立起竞争壁垒，以应对激烈的市场竞争中越来越多的模仿者和追赶者。因此，革故鼎新的创新能力必不可少。

UGV无人车创始团队中的核心人员都来自中星微，并与德州仪器、联发科长期合作，他们具备深厚的技术功底和国际视野，创新思维与创新技术都非常活跃，在日新月异的移动互联网时代，具有强大的竞争力。

4．专注力

专注不是固执，而是一种锲而不舍的执着精神，就好像马云对电子商务的痴迷，周鸿祎在互联网安全领域的坚持。淘宝刚起步时，面对 Ebay 的封杀堵截，资金、人才的短缺，马云没有退缩，也没有选择改换行业，而是执着地扎根在互联网电商行业，克服重重困难，最终打败 Ebay，占据了中国互联网市场的半壁江山，也给投资商软银、雅虎带来了巨额投资的回报收益；2005 年周鸿祎创立了奇虎公司，2006 年推出了专业查杀恶意软件的“360 安全卫士”，当时国内市场盘踞着卡巴斯基、雅虎助手、江民、瑞星等众多巨头，要想分得一杯羹谈何容易，但周鸿祎没有退缩，一直在此领域深耕，最终依靠查杀流行木马、清理恶评插件等专业功能赢得了用户的信赖，市场份额稳步攀升，跃居第一。

还有一个流传很久的故事，说的也是这种精神。很久以前，荷兰一个小镇上来了一位刚初中毕业的农民。他的工作是为镇政府看守大门，在这个岗位他一干就是 60 多年，期间从未离开过。也许是工作太过清闲，而他又太年轻，为了打发时间，他把打磨镜片当成自己的业余爱好，并且对此乐此不疲，不间断地磨了 60 年。由于他的专注细致和锲而不舍，他磨出的复合镜片放大倍数远远超过了专业技师，并借此发现了当时科技尚未探知的另一个领域——微生物世界。他就是后来成为荷兰著名科学家的万・列文虎克。而这个一生磨一镜的故事也广为流传，告诉人们不管是多么微不足道的小事情，只要我们持之以恒地执着坚持，就有获得成功的可能。

风云变幻的市场，如果没有专注精神，朝三暮四，频繁地跨行、跨界，很难成功。

5．责任感

在创业过程中，创始人肩负的责任和承受的压力远大于旁人，只有具备强大的责任感，明白自己对投资人、员工、上下游合作伙伴所负的责任，才能坦然面对创业路上的荆棘险阻，发现身边若隐若现的机会，改变自己可以改变的事情；当犯错误时，有勇气承认错误，有胆量接受下属的批评意见，并且能够不断地自我修正，提高自己的综合素质，带领团队勇往直前。

海底捞在曝出“勾兑门”事件后，遭遇了严重的信任危机，也使投资商惴惴不安。但是海底捞的掌门人张勇没有推诿责任，而是在新闻爆出当天就迅速做出反应，语气诚恳地承认勾兑事实及其他存在的问题，并在微博上做出道歉，表示一定会加强员工培训，对存在的问题进行全面整改，同时也感谢媒体的监督。张勇自己更是多次在微博上对勾兑事件向公众道歉，并邀请媒体监督（见图 7-8）。

这种负责任的态度最终获得了客户谅解，没让“勾兑门”事件给企业带来过多负面影响，也给投资商打了一剂“强心针”，赢得了投资商的赞誉。

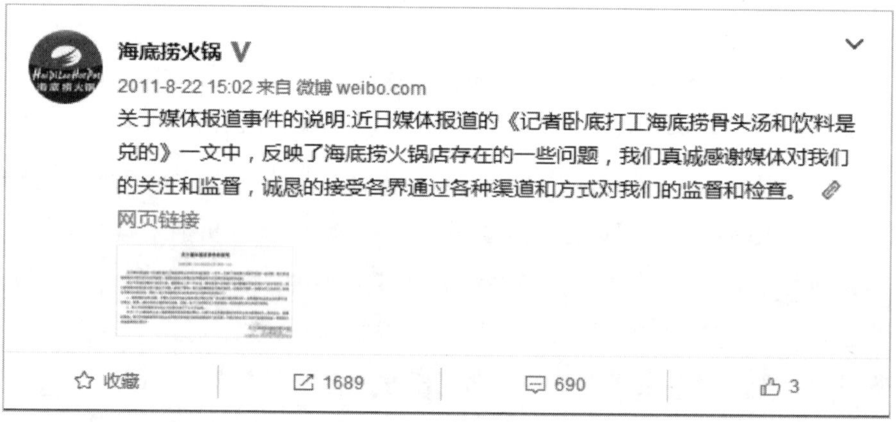

图 7-8　海底捞微博致歉

除考察 CEO 外，对团队也应该同样重视。非洲有句谚语：“要想走得快，就一个人走；要想走得远，就一起走。”对于企业而言，要想走得更远，团队至关重要。

《西游记》中师徒四人斩妖降魔、取得真经的故事，蕴含了企业团队组合的真理。唐僧作为领导者，品格坚韧、事业心强，一心只想西天取经这一件事；孙悟空本领高强、崇尚行动、干劲十足、解决问题能力强、注重工作结果；沙和尚本事一般，但是遵守纪律、任劳任怨、执行力特别强；猪八戒虽然好色懒惰，但思维活跃、热情奔放、感情外露，善于活跃团队气氛。

一个优秀的团队只有包括理想远大、目标坚定、才华横溢的各类精英，才能让团队更具“杀伤力”。

1．目标坚定的领导者

九鼎投资董事长吴刚曾说，事业心在九鼎投资的决策依据上占相当比例，只有团队的负责人对公司具有事业心，而不是单纯的赚钱的目的，这样的企业才可能真正发展壮大。

好的企业家目标坚定、事业心强，热衷追求事业成功而非赚钱多少。而那些只关心赚钱的企业家，一旦遇到挫折，很容易产生道德风险，卷钱撤退，不顾投资者利益；而一旦赚到小钱，则放弃企业继续成长的机会，不利于企业真正发展壮大。

2．团队构成

在精英团队中，三种人才不可或缺：懂产品、懂技术、组织能力强的孙悟空型人才；认真负责、执行力强的沙和尚型人才；善于交际、懂市场和推广的猪八戒型人才。这样，通过能力互补，才能使团队优势最大化。

除此之外，团队人员的凝聚力和勤奋程度也很重要。因为在企业成长的道路上，协同合作的团队精神和勤奋能支持企业不断向前。

例如，滴滴出行，有远见、有抱负、善于决策、成熟冷静的程维是 CEO；来自高盛，有如簧巧舌，亦富钢铁意志的柳青是 COO；曾先后就职于宝洁、立邦、伊利、京东等知名企业，浸透市场营销领域 20 年，既精通传统营销手段，又了解数字营销方式的程峻怡是营销副总裁；具有多年互联网架构的设计经验，擅长高性能、高并发、高可用的架构设计工作的李令辉是首席架构师；对搜索引擎和互联网产业有着敏锐的洞察力和独立思考能力，有“百度贴吧”之父之称的俞军任滴滴顾问（见图 7-9）。除此之外，还有来自百度、腾讯等 BAT 企业的大量优秀人才。不同成员间“合理组合”，各展所长、各管一摊，保证了企业的有序、高效运营。

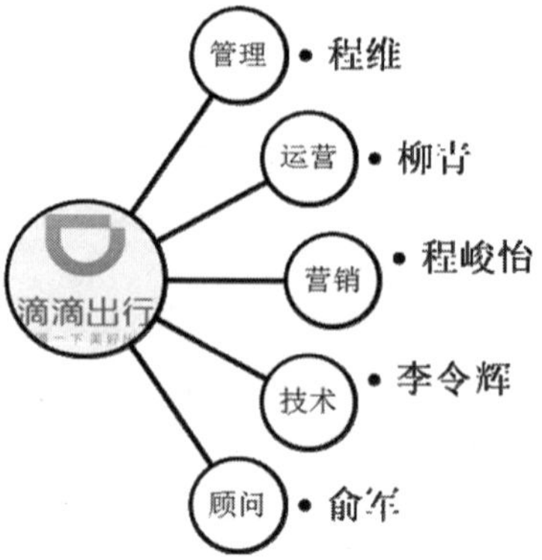

图 7-9　滴滴出行团队架构

7.2.3　项目背后的商业逻辑

商业逻辑，即我们常说的商业模式逻辑（Business Model）。美国高原资本合伙人希金斯曾说：“回顾我们公司的发展，我们认为每次失败都归于技术，每次成功都归于商业模式。”由此可见，一个好的商业模式，可能会让创业者、投资者的梦想之路大大缩短。

商业模式到底是什么？简言之，就是公司通过什么途径或方式来赚钱。比如，京东通过直接销售，赚取采购价和销售价之间的差价；通过虚拟店铺出租，收取店铺租金、产品登陆费、交易手续费等；利用收到顾客货款和支付供应商的时间差产生的资金沉淀进行再投资，从而获得盈利；通过在各个页面上投放网络广告，收取广告主的广告费来赚取利润。

商业模式的本质就是一群利益相关者把自己的资源能力投入进来，按照既定的模式进行交易，产生新的价值，每一方按照一定的盈利方式去分配这个价值。如果每一方分到的价值超过了它投入资源能力的机会成本，这个交易结构就会越来越稳固，并朝着一个趋向好的势态发展。可以说，只要有赚钱的地方，就有商业模式存在。

分析一个企业的商业逻辑，可以从以下几个方面入手（见图 7-10）。

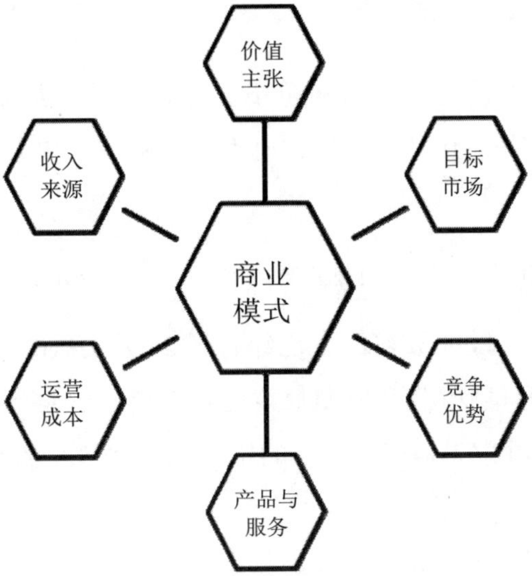

图 7-10　商业模式思考的逻辑

我们以平安好医生为例来了解如何分析企业的商业模式（见图 7-11）。

图 7-11　平安好医生 APP

平安好医生，又名平安健康管家，是中国平安集团旗下的一款在线健康咨询及健康管理APP。

2015年4月，平安好医生APP正式上线，以医生资源为核心，提供实时咨询和健康管理服务，包括一对一家庭医生服务、三甲名医的专业咨询和额外门诊加号等。

2016年5月20日，平安好医生宣布获得5亿美元A轮投资。

截至2016年6月，平安好医生已经有了25万人次的日咨询量和超8 000万的注册用户数，月活跃用户（MAU）数达到2 774万，同比增长率为1 052%，线上消费活跃率达到62%，2015年的销售额达到3.6亿元，在行业内遥遥领先。

2016年7月1日，在艾瑞咨询发布的《2016年中国独角兽企业估值排行榜TOP300》中，平安好医生排名第22。

1. 价值主张

价值主张包括客户价值主张和产品价值主张。

客户价值主张是指对客户来说什么是有意义的，即对客户真实需求的深入描述。在实际操作中体现在客户选择产品或服务时的几项关键指标，比如客户采购家用电器时，主要关注的有产品质量、售后服务、价格、品牌等方面，那么客户在选择供应商时也会从这几个方面进行考察。

产品价值主张，则是由产品的功能、特性、品质、品种、式样等所产生的价值，代表消费者的实际使用价值，也是消费者需求的中心内容。比如京东商城的营销口号是“多、快、好、省”；六个核桃的营销口号是“经常用脑，多喝六个核桃”；海尔统帅的营销口号是Fun（乐趣）、Fashionable（时尚）、Friendly（友好）。

平安好医生的客户价值主张和产品价值主张非常明确，即以中国移动互联网时代智慧医疗的领航者为目标，致力于打造用户健康管理一站式解决方案提供商，构建一个中国最大的互联网健康产业生态圈。

2．目标市场

平安好医生的目标市场为移动健康医疗市场。根据健康行业数据显示，2015 年我国 65 岁以上老年人口占比达 10.5%，2010 年我国居民平均预期寿命为 74.83 岁，人口的加速老龄化与寿命的延长将是大趋势；2014 年、2015 年中国移动医疗市场规模分别为 29.5 亿元、42.7 亿元，增长率为 44.7%。预计到 2017 年，中国移动医疗市场规模将超过 125.3 亿元。Analysys 易观智库监测数据显示，2015 年中国移动医疗市场规模将达到 48.8 亿元，较 2014 年增长 62%，2018 年中国移动医疗市场规模将接近 300 亿元，2016 年至 2018 年的年均复合增长率超过 60%（见图 7-12）。

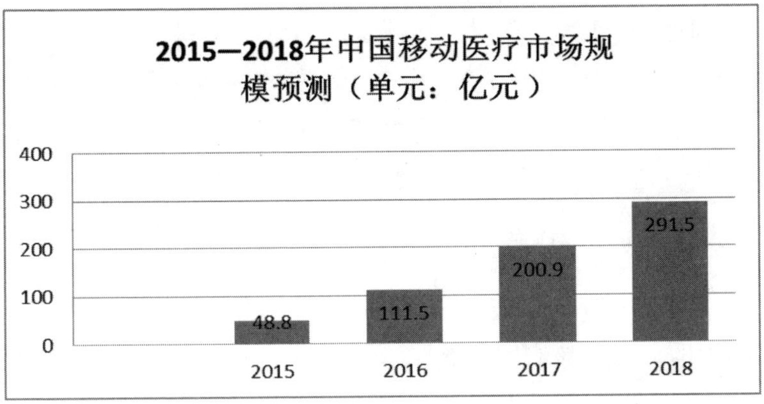

图 7-12　Analysys 2015—2018 年中国移动医疗市场规模预测

在社会老龄化、环境污染、全面放开二胎及医患关系日益紧张的背景下，平安好医生作为移动医疗市场的先驱将拥有巨大的目标市场，受到更加广泛的关注。

3．竞争优势

平安好医生的竞争优势主要体现在以下几个方面（见图 7-13）。

1）险资背景

借助于平安在健康保险领域多年深耕积累的经验，平安好医生和全国

2 000 多家公立医院建立了长期的合作关系，从一开始就能打通线上咨询到线下转诊并帮助用户预约挂号，乃至就医协助、保险理赔的服务链条。同时，由于平安好医生的整个链条都有可能经由平安的服务被强化，好医生对于深度用户的整体管理，如入院、治病、买药、挂号，都可进行不间断的跟踪和互动。反过来用户亦然，医患之间的信任关系更容易建立和巩固。

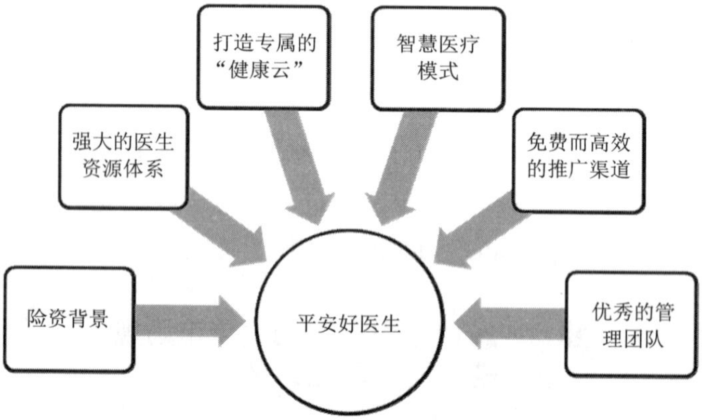

图 7-13　平安好医生的竞争优势

2）强大的医生资源体系

依托平安集团雄厚的财力支持及品牌优势，平安好医生自聘了 1 000 人的全职医生团队，作为核心服务圈层，通过 24 小时全天候图文及视频在线咨询，为用户提供辅助诊断、康复指导及用药建议。同时，还签约了 5 万名社会化医生作为服务外圈，分布在线下 3 000 家定点医院，完成后续分诊转诊、线下首诊及复诊随访服务。在名医预约方面，平安好医生还汇集了 5 000 名三甲名医，可以实现全国名医一键呼叫，用三个圈子打造了强大、有序的医生资源体系。

3）打造专属的“健康云”

利用大数据、云计算提供的升级可能，平安好医生建立了完善的居民健康资料体系，以线上健康管理服务联动线下实体医院的方式，从数据共享及慢病管理切入，打造专属的“健康云”，发力电子健康档案管理及预约诊疗、双向转诊、远程会诊与医疗协同等流程的优化。

4）智慧医疗模式

平安好医生响应近两年国家努力倡导的智慧医疗模式，首推全国医保在线统一支付平台——平安社保钱包，作为医院就诊 APP 的插件，嵌入客户就诊的前、中、后全流程，节省用户等待就医时间和缴费次数，改善用户的线下就医体验，优化医院支付流程，既降低了操作成本，也培养了用户使用线上医疗的习惯。

5）免费而高效的推广渠道

平安集团超 2 亿的互联网用户和超 1 亿的客户，以及保险的销售团队，是平安好医生强有力的推广渠道。在平安好医生的就医服务场景中，平安集团的用户可以通过平安好医生选择家庭医生进行预诊，后续的导诊、就诊、随诊服务可以到平安定点医院，如有需要再回到线上平台进行随访，所有的就医购药费用统一由平安健康险支付，全流程也由平安健康险提供控费监测。这些都有利于平安好医生获得免费而效果强大的推广资源。

6）优秀的管理团队

平安好医生的首席执行官王涛，曾是阿里巴巴集团资深副总裁兼阿里软件（阿里云前身）总裁；首席产品官吴宗逊，是阿里巴巴早期创始人之一，也是阿里巴巴第一个收费产品“中国供应商”和销售 CRM 创始人；首席技术官王齐，曾任阿里巴巴集团技术副总裁，领导阿里巴巴互联网平台的建设和阿里贷款信贷数据计算平台的建设；首席运营官白雪，曾经担任阿里巴巴市场总监、阿里巴巴人力资源总监、客服总监等职位；首席营销官吴新春，曾历任平安集团综合开拓部负责人、产险渠道部总经理、团体市场部总经理及平安健康险总经理助理等。

产品优势及渠道、团队优势，保证了平安好医生在市场竞争中，无论是协同性、信息化、控费闭环，还是判断能力、应变能力，都一路领先。

4. 产品与服务

平安好医生目前提供问诊挂号、诊断/检查、健康管理、家庭医生、导医导诊、企业客户服务、企业员工福利、保险整合及医疗控费等服务，是国内唯一的全流程健康医疗服务供应商。

5. 运营成本

作为轻资产公司，运营成本主要集中在人力资本与推广费用上，平安好医生背靠平安集团，拥有免费的推广渠道，其运营成本大大低于竞争对手。

6. 收入来源

平安好医生的盈利模式包括 B2B 的企业用户健康管理服务、企业员工在线医疗服务和保险合作，B2C 的健康卡、医药商城和导医导诊服务。此外，还有广告、会员、云计算、大数据和海外市场等补充收入，来源渠道较多。

综上所述，平安好医生的产品与服务价值主张明确，拥有庞大的市场空间，竞争优势明显，运营成本低，盈利渠道多，加之代表了医疗行业未来的发展趋势，是一个不错的商业模式，只要做好品质、坚持创新，盈利不是问题。

在市场实践中，平安好医生也正在验证这一商业模式的成功。截至 2016 年 6 月，平安好医生当之无愧成为国内下载量最大的健康医疗应用，平台注册用户数、活跃用户数及咨询数增幅全面超过竞争对手。在三大竞争对手中，春雨医生注册用户数为 7 200 万，月活跃用户数为 1 200 万，注册医生有 20 万人，2015 年收入为 1.3 亿元；挂号网注册用户数为 1.1 亿，月活跃用户数为 1 200 万；而成立时间和平安健康相近的阿里健康，注册用户数为 1 200 万，月活跃用户数为 25 万，注册医生有 20 万人。

7.3 股权投资，尽职调查

尽职调查也称谨慎性调查，是指在目标企业的配合下，投资者委托中介机构从法律、财务、业务层面就与本次投资相关的一切事项展开现场调查，目的是发现价值、发现风险，进行投资可行性分析。

7.3.1 尽职调查的原则

尽职调查是做出投资决策之前必不可少的一项功课，对于股权投资来说，投入大、风险大，每一次尽职调查，都要付出极大的金钱、时间与机会成本。所以，掌握以下几个原则就显得极为重要（见图 7-14）。

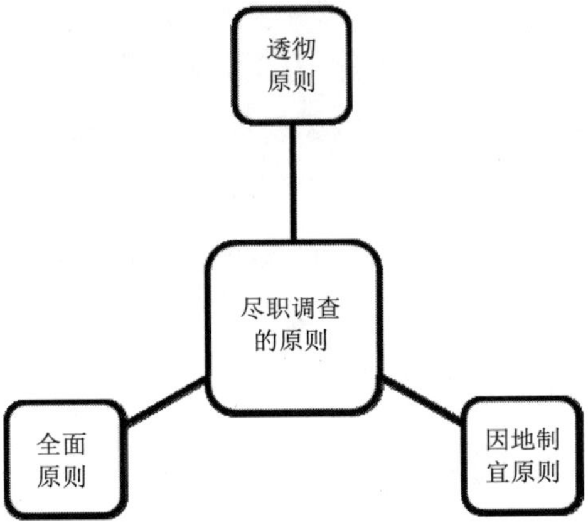

图 7-14 尽职调查的原则

1. 全面原则

“千里之堤，以蝼蚁之穴溃；百尺之室，以突隙之烟焚。”一个细微的疏忽，就可能让投资毁于一旦。因此，尽职调查的首要原则就是全面。

全面原则包括资料全面和人员全面。

调查者要尽可能地调集所有材料，发现投资暗藏的风险。比如，除查阅拟投资对象当前的工商执照外，还要查阅公司章程、股东出资证明书、出资协议、验资报告、股份转让协议、股权变更登记等一系列文件，以验证其出资是否有瑕疵，股东是否有股权转让方面的限制。

在实地走访中，调查者要尽可能多地和企业人员接触，包括小股东、销售员、后勤部门、上下游客户、竞争对手等，以捕捉有价值的信息。比如，通过和财务、行政、人力资源等企业后勤人员沟通，发现该企业员工离职率非常高，高管出走也很频繁，还存在诸多劳动纠纷，则说明该企业实际管理混乱，团队凝聚力差，人心不齐。这样的企业一般形不成持续的良好业绩，一旦竞争加剧，就会面临风险。再如，和销售人员沟通，从客户质量、销售提成、销售渠道可以得知企业真实的销售情况、市场份额等，从而测算出企业的真正市场竞争力及盈利水平。

2. 透彻原则

透彻原则是指调查不能仅停留在表面，还要关注其背后可能隐藏的风险。以专利为例，投资者不仅需要了解其是否拥有专利权，还要了解专利权是否存在侵权诉讼风险、是否在有效期间、专利权的地域范围，以及专利许可情况、技术效力、市场效力、专利更新换代的周期等内容；以技术人员为例，除关注他的学历、工作经验、技术水平外，还要留意他是否与原单位有竞业禁止约定。

3. 因地制宜原则

针对不同的企业，尽职调查应该有所侧重。

初创期的企业，因其股权结构简单、业务模式单一，尽职调查的侧重点应集中在创业团队、知识产权等领域；成熟期的企业，特别是处在 Pre-IPO 阶段的企业，因为成立时间较长，其牵涉的法律关系更加复杂，隐藏的风险点也就更多，所以应该比照拟上市企业规则开展调查。

不同行业的企业调查重点也不同。在高科技领域，创新能力决定了企业的成长空间，尽职调查的侧重点应集中在知识产权、专利技术、人力资本优势方面。

比如，红杉资本、高瓴资本在投资共享单车项目“摩拜单车”时，重点关注了其技术优势。

1）传动系统技术

摩拜单车的传动系统利用了锥齿轮能够交叉轴传动的原理，用两组锥齿轮传动，代替了链传动，这样就排除了使用过程中掉链子的风险，减少了事故的发生率。

2）防盗锁技术

在摩拜单车的车锁中，设置了报警模块，由 CPU 和各模块形成防盗锁。一旦自行车失窃，防盗通信设备可接收由自行车的防盗锁发送的定位信息并管理该自行车的定位信息，方便用户及时查找。

3）自充电技术

摩拜单车的轮轴上设有电机系统，能够利用从离合器单元传输来的力带动转子转动，转子和定子的相对运动在线圈中产生感应电流为车辆的电池充电，实现电量的自给自足。

对于一家化工企业来说，环境污染可能导致企业被吊销营业执照，尽职调查时有必要对企业是否通过环评、环保措施是否到位和是否因污染被提起民事诉讼或者受过行政处罚等重点关注；而教育培训公司，则可以重点关注其获取客户的渠道、线上线下优势、互动性、客户留存率等。

7.3.2　尽职调查的工具

在移动互联网时代，信息爆炸式增加，已经远远超过了人们的接受能力，如何在大量的碎片化信息中快速寻找到正确的信息源，节省的不仅是时间，还有金钱。在尽职调查中，如果常备一个清晰准确的信息检索库，则可能收到事半功倍的效果（见表 7-1）。

表 7-1　尽职调查的工具

项　目	名　称	网　址	可查内容
企业综合信息查询	百度	www.baidu.com	互联网搜索引擎，可查询企业信息、产品信息、行业信息、最新公告、用户评价等
	谷歌	www.google.com	
	搜狗	www.sogou.com	
	雅虎	www.yahoo.com	
	有道	www.yodao.com	
	中搜	www.zhongsou.com	
	360 搜索	www.so.com	

续表

项　目	名　　称	网　　址	可查内容
企业主体相关信息查询	国家工商总局“全国企业信用信息公示系统”	gsxt.saic.gov.cn/	全国企业信用信息公示系统，能查询全部范围内任一家企业的工商登记基本信息，具体包括：公司注册号、法定代表人、类型、注册资本、成立日期、住所地、营业期限、经营范围、登记机关、经营状态、投资人信息、公司主要备案的高管人员名单、分支机构、清算信息、行政处罚信息等
	各省、市级信用网	北京企业信用网 http://qyxy.baic.gov.cn/	企业年检信息、对外投资信息、商标、变更、劳保等信息
	全国组织机构代码管理中心	www.nacao.org.cn/publish/main/5/index.html	全国范围内所有领取有组织机构代码证的企业的信息
	信用视界	www.x315.com/	企业工商登记、组织机构代码证、关联公司、涉诉信息、财务数据、商标专利和新闻招聘等信息，并且支持部分海外国家信息查询
	必途企业库	china.b2b.cn/	专业的中小企业信息化服务商，可以查询各类产品供应商的企业信息
	悉知网	www.xizhi.com/	企业名称、法人、联系人和联系方式、地址、产品服务、企业数据报告等信息
	建筑业资质查询	mohurd.gov.cn/wbdt/dwzzcx/index.html	官方的建筑类企业资质展示平台，可查询到相关企业的资质证书信息
	国家食品药品监督管理总局	http://www.sda.gov.cn	国家食品、保健品、化妆品安全管理和主管药品监管机构，可查询相关企业的食品、药品、化妆品、医疗器械、医疗广告、互联网药品等注册信息及公司名下一类、二类、三类医疗注册证
涉诉信息查询	最高人民法院“中国裁判文书网”	www.court.gov.cn/zgcpwsw/	除涉及国家秘密、个人隐私、未成年人犯罪、调解结案以外的判决文书
	各省级高院网站	如北京法院网：http://bjgy.chinacourt.org/index.shtml	各省涉诉信息
	最高人民法院“全国法院被执行人信息查询系统”	http://zhixing.court.gov.cn/search/	2007 年 1 月 1 日以后新收及此前未结的执行实施案件的被执行人信息

续表

项　目	名　　称	网　　址	可查内容
涉诉信息查询	最高人民法院“全国法院失信被执行人名单信息查询系统”	http://shixin.court.gov.cn/	失信被执行人的履行情况、执行法院、执行依据文书及失信被执行人行为的具体情形等内容
	中国法院网“公告查询”	http://www.live.chinacourt.org/fygg/index.shtml	大量公告信息，了解调查对象的涉诉情况
	北大法律信息网“北大法宝”	http://vip.chinalawinfo.com/	大量的诉讼案例及裁判文书
资产信息查询	国土资源部子网站“中国土地市场网”	http://www.landchina.com/	全国范围内的供地计划、出让公告、大企业购地情况等
	国家知识产权局“专利检索系统”	www.sipo.gov.cn/zljsfl/	各专利权法律状态、专利证书发文、年费计算及全国大部分省市的专利代理机构名录等内容
	国家工商总局商标局“中国商标网”	www.saic.gov.cn/sbw1/sbcx/sbcx.html	注册商标信息及申请商标信息
	中国版权保护中心	www.ccopyright.com.cn/cpcc/index.jsp	计算机软件著作权登记、著作权质权等信息
	人民法院诉讼资产网	www.rmfysszc.gov.cn/	全国范围内法院正在执行拍卖的资产情况，从侧面了解涉诉当事人的资产情况
	淘宝司法拍卖	https://sf.taobao.com/	可查询企业资产涉诉信息
	各大产权交易所网站（如金马甲）	www.jinmajia.com/	包括国有产权、公共资源、国有担保机构、诉讼资产、股权、债权、高端商品、邮票钱币、无形资产、文化艺术品等在内的各类要素的供需信息
	应收账款查询——中国人民银行征信中心“中登网”	www.zhongdengwang.org.cn/zhongdeng/index.shtml	企业所有权保留、留置权、租购、其他动产融资、保证金质押、存货/仓单质押、动产信托等登记信息
投融资信息	证监会指定信息披露网站“巨潮资讯网”	www.cninfo.com.cn/	上市公司各重大事项发布的公告、分红情况、财务指标、公司年报等
	上海证券交易所	www.sse.com.cn/	同上
	深圳证券交易所	www.szse.cn/	同上
	全国中小企业股份转让系统	http://v2.neeq.com.cn/	新三板公司各重大事项发布的公告、分红情况、财务指标、公司年报等
	中国货币网	www.chinamoney.com.cn/index.html	外汇市场行情、人民币市场行情、各银行业务交易信息

续表

项　目	名　　称	网　　址	可查内容
投融资信息	中国债券信息网	www.chinabond.com.cn/d2s/index.html	债券市场行情、债券交易数据、各企业债券事务公告
商业数据	数据汇	www.shujuhui.com/database/	行业研究报告、学术论文、统计年鉴、宏观数据等
	数据圈	www.shujuquan.com.cn/	
	FRED	http://research.stlouisfed.org/fred2/	
	OECD	www.oecd-ilibrary.org/economics	
	上海公共研发中心	www.sgst.cn/	
	万德数据库	www.wind.com.cn	
	万方数据	www.wanfangdata.com.cn/	
	数据圈	www.shujuquan.com.cn/	

7.3.3　尽职调查的要点

尽职调查涉及公司股权、资产、财务、业务、团队等多个方面，其要点如下（见表 7-2）。

表 7-2　尽职调查的要点

1	公司基本信息	公司设立情况、历史沿革情况、公司主要股东情况
2	管理人员调查	管理人员任职资格和任职情况
3	业务与技术情况	行业情况、竞争情况、采购情况、生产情况、销售情况、核心技术和研发情况
4	同业竞争与关联交易	关联方及关联关系；关联交易的内容、数量、金额及其在相关业务中所占比重；拟投企业与关联方是否存在同业竞争，如果存在，则核查在细分市场、业务性质、客户对象、市场区域、产品的可替代性等方面与拟投企业业务是否存在明显的差别
5	主要资产	了解不动产、动产、无形资产的权属、范围、取得方式、用途、使用期限及实际使用情况，是否具有真实的市场价值，是否存在抵押、查封或其他权利限制的情况
6	财务状况	基本财务数据分析、财务比率分析、纳税情况、盈利预测、重大债权债务分析
7	业务发展目标调查	发展战略、经营理念和经营模式、历年发展计划的执行和实现情况、业务发展目标
8	融资运用分析	分析融资金额是否与公司规模、主营业务和实际资金需求、资金运用能力及公司业务发展目标相匹配

续表

9	风险因素及其他	公司的生产经营是否涉及污染排放；公司主要产品或服务是否执行国家、行业有关质量技术监督标准；公司是否存在重大诉讼或担保；公司的生产经营是否存在重大安全隐患、是否采取保障安全生产的措施

7.4　不同阶段的投后管理

KKR 的合伙人曾说：“我们每投一个企业后，会花大量的时间、资源与精力帮助该企业长期发展。在这一块我们花费的时间极多，因为到最后只有靠这些东西才能真正保证你获得一个稳定的回报。”由此可见，投后管理直接关系到资本回报的实现。

而在当前环境下，股权投资市场俨然已成一片红海，企业在融资时变得越来越挑剔，单纯的资金支持已很难满足创业者的需求，而通过一系列的投后服务，如向被投资企业提供特有的战略管理、业务整合、资本经营、人才输送等增值服务，不仅能赢得投资机会，也能降低风险，确保资本增值。

通常情况下，投后团队可以从以下几个方面入手，为企业提供管理服务（见图 7-15）。

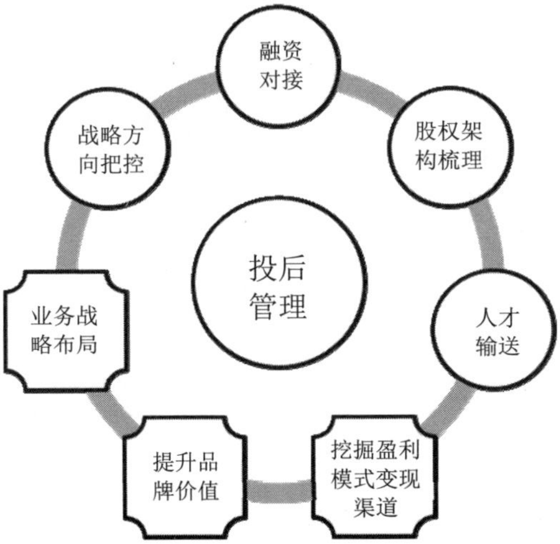

图 7-15　投后管理

1. 战略方向把控

很多初创公司把主要精力都集中在核心业务和产品迭代上，往往忽视了对未来战略方向的把控。投后团队要协助企业分析行业现状、国家政策走向、竞争对手情况、新市场进入壁垒等，帮助企业做出正确的决策，减少企业的试错成本。

例如，凯雷亚洲风险基金在投资日本Kito后，其东京投资团队洞察到了发展Kito业务的良机并与该公司展开讨论，决定将其核心业务与发展方向转向海外，最终这一正确的决策帮助Kito成为在中国、德国、美国市场占有率最高的公司。

2. 融资对接

一轮融资往往很难保证企业资金链稳定，要想能够持续成长，必须未雨绸缪，在企业账面资金能够支撑一段时间时，比如18个月的运营成本时，就梳理出融资规划，开始启动下一轮融资。投后团队不妨动用社会关系，积极对接各路投资机构，进行融资前的接洽与磨合；同时，协助企业做好融资估值、股权出让。

例如，滴滴最初的投资人王刚，协助滴滴完成了多轮融资。从找到金沙江创投合伙人朱啸虎，完成A轮融资，到接受腾讯的投资，完成B轮融资，王刚一路把关，给了滴滴不少有价值的提醒和建议。

3. 股权架构梳理

大部分企业在建立之初都存在团队配置不完善、股权架构不合理的问题，如一股独大、平均分配等，如果不及时处理，则很可能为企业的持续发展埋下隐患。

投后团队要及时发现并修正问题，协助企业完成股权架构设立，明确控股股东地位、各合伙人股权分配，使公司治理结构正规化。读者可参见第2章中“合伙人的股权分配”相关内容，此处不再赘述。

4. 人才输送

当今时代，人才无疑是最宝贵的资产，如果能帮助企业搜罗人才、输送人才，对企业而言，犹如“暗室逢灯”。

例如，清流资本、红杉资本、真格基金都在投后部门设立了“内部猎头”的职能，涵盖人员招聘、PR 品牌、资本对接、财务法务顾问等，搜索网络高层次人才，为投资企业服务；IDG 则以内部月度推荐的形式建立核心人才库，进行全国范围内每月超过 500 次技术、产品及 UI/UX 方面的高质量候选人匹配，为投资企业输送人才；凯雷在投资诚德钢管后，协助其建立了新的董事会管理措施，并为高层管理职位招募人才，包括 COO、CFO 及出口销售主管等；KKR 拥有自己的运营管理团队（见图 7-16），团队成员具备世界一流企业的运营和咨询管理经验，有做供应链管理、财务管理、IT 系统、HR 管理各方面的专家，主要帮助所投资企业引进国际一流经验，同时与本土实际情况有效结合，具体提高企业的整体管理水平。

图 7-16　KKR 官网

5. 挖掘盈利模式变现渠道

企业在发展过程中总会遇到很多问题，进而遭遇发展瓶颈，投后部门要积极搜集企业的需求和困惑，经过反馈和分析后做出判断，为企业“脱贫致富”提出建议，帮助企业拓宽盈利模式变现渠道，启动大规模造血功能，获得稳定的现金流。例如，通过生产设施现代化升级及相关整合，提高产能，缩短研发周期，使产品更快地面向市场；通过接洽合作方，获得各类分成收入；发展多元化市场，拓宽盈利渠道。

6. 提升品牌价值

动用媒体资源帮助企业提升品牌价值，获得更多用户、更大范围市场的认可，有助于增强企业的软实力。

例如，在与特步的合作中，凯雷动用全球媒介资源为特步带来各种业务发展和品牌建设机会，包括积极的媒体报道，以及在国际上树立自主品牌“特步”、“柯林”、授权品牌“迪士尼运动”的品牌形象。

7. 业务战略布局

通过投资并购吸纳中小型企业补充业务短板，是企业布局业务战略、提高盈利能力、实现规模经济的重要渠道之一。投后团队可为其搜集信息资料、分析行业现状、做好风险提示，并辅以有效的战略布局建议、资源补充对接；同时，实时关注市场变化，促成企业上市或并购，在适当的时机选择退出。

例如，在美团与大众点评合并的过程中，腾讯、高瓴资本、红杉资本、华兴资本等都极尽所能，各显神通，最终助力二者 “喜结连理”，既整合了资源，减少了竞争，又加快了产品创新、深化服务和行业拓展的步伐，给消费者和商家创造更多价值，促进 O2O 生态圈的建设，促进行业发展。

在投后服务过程中，投资机构的投后部门要准确认识自己的定位，即以退出为导向的管理服务。投后管理的第一任务是服务，即在不影响企业正常运营的前提下，为企业提供服务。但这并不代表投后部门只是无权无势、唯唯诺诺的服务部门，其设立的根本意义在于尽可能减少已投项目的各种风险，确保企业保值增值，从而确保投资机构的投资价值。因此，当遇到可能会让企业亏损或陷入绝境的局面、战略方向、投融资计划时，投后管理部门也要勇敢地拿起手中的权力予以狙击。

7.5 投资退出，价值放大

选择适当的时机、适当的途径，实现资本的顺利退出，对投资来说至关重要。因为只有通过退出获得收益，投资者才能进行下一轮投资，投资机构才能持续运转下去。

目前，股权投资常见的退出方式有 IPO 退出、挂牌新三板退出、并购退出、回购退出（见图 7-17）。

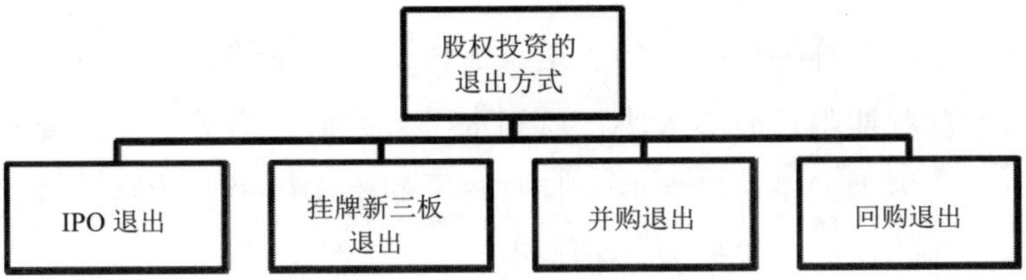

图 7-17　股权投资的退出方式

7.5.1　IPO 退出

因为丰厚的回报，IPO 退出一直是股权投资的首选退出渠道。2014 年，纽威股份上市为国润创投带来高达 109.86 倍的回报，应流股份为鼎晖投资、光大控股和正海资产分别带来 71.66 倍、71.66 倍、104.81 倍的回报；2016 年 4 月，普丽盛包装在创业板上市交易，投资机构 SBCVC Fund II 获得 22.57 倍的账面退出回报；2016 年 8 月，明智合信广富基金在长久物流上市退出时获得 11 倍的回报。

目前，IPO 退出分为境内 IPO 退出和境外 IPO 退出。境内 IPO 退出包括主板退出、创业板退出、中小板退出，下面我们主要讲述境内 IPO 退出方式（见图 7-18）。

图 7-18　境内 IPO 退出方式

根据《公司法》、《证券法》、《首次公开发行股票并上市管理办法》、《证券交易所股票上市规则》等法律法规，各个板块的上市条件如下。

1. 上市条件

1）主板上市条件

主板市场，也称为一板市场，是我国传统意义上的证券市场。主板市场对发行人的营业期限、股本大小、盈利水平、最低市值等方面的要求标准较高，上市企业多为大型成熟企业，具有较大的资本规模及稳定的盈利能力。主板上市条件的具体内容如表 7-3 所示。

表 7-3 主板上市条件的具体内容

项　目	具体内容
主体资格	1. 依法存续且合法经营的股份有限公司； 2. 持续经营三年以上，有限责任公司按原账面净资产值折股整体变更为股份有限公司的，持续经营时间可以从有限责任公司成立之日起计算； 3. 最近三年内主营业务和董事、高级管理人员没有发生重大变化，实际控制人没有发生变更
独立性	1. 发行人具有完整的业务体系和直接面向市场独立经营的能力； 2. 发行人资产独立、人员独立、财务独立、机构独立、业务独立； 3. 业务独立：发行人的业务独立于控股股东，实际控制人及其控制的其他企业，与控股股东、实际控制人及其控制的其他企业间不得有同业竞争或者显失公允的关联交易
规范运作	1. 发行人已经依法建立健全股东大会、董事会、监事会、独立董事、董事会秘书制度，相关机构和人员能够依法履行职责； 2. 发行人内部控制制度健全且能被有效执行； 3. 公司章程明确对外担保的审批权限和审议程序，不存在为控股股东、实际控制人及其控制的企业进行违规担保的情形； 4. 有严格的资金管理制度，不得有资金被控股股东、实际控制人及其控制的其他企业以借款、代偿债务、代垫资金或者其他方式占用的情形； 5. 发行人的董事、监事和高级管理人员已经了解与股票发行上市有关的法律法规，知悉上市公司及其董事、监事和高级管理人员的法定义务和责任； 6. 发行人的董事、监事和高级管理人员符合法律、行政法规和规章规定的任职资格
财务要求	1. 发行人近三个会计年度的累计净利润超过人民币 3 000 万元，净利润以扣除非经常性损益前后较低者为依据； 2. 发行人最近三个会计年度经营活动产生的现金流量净额累计超过 5 000 万元或最近三个会计年度累计营业收入超过 3 亿元；

续表

项　目	具体内容
财务要求	3. 发行人最近一期末无形资产（扣除土地使用权、水面养殖权和采矿权等后）占净资产比例不超过 20%； 4. 发行人最近一期末不存在未弥补亏损； 5. 发行前股本总额不少于 3 000 万元
募集资金用途	1. 募集资金应当有明确的使用方向，原则上应当用于主营业务； 2. 募集资金数额和投资项目应当与发行人现有生产经营规模、财务状况、技术水平和管理能力相适应； 3. 募集资金投资项目应当符合国家产业政策、投资管理、环境保护、土地管理及其他法律、法规和规章的规定； 4. 发行人应当建立募集资金专项存储制度，募集资金应当存放于董事会决定的专项账户
股本及公开发行比例	1. 发行后股东总额≥5 000 万元，公开发行比例须≥25%； 2. 发行后股东总额＞4 亿元，公开发行比例须≥10%

需要注意的是，主板上市自中国证监会核准发行之日起，发行人应在 6 个月内发行股票；超过 6 个月未发行的，核准文件失效，须重新经中国证监会核准后方可发行。

2）创业板上市条件

创业板市场，又称二板市场，其主要针对解决创业型企业、中小型企业及高科技产业企业等需要进行融资和发展而设立。与主板市场相比，创业板上市要求在成立时间、资本规模、经营业绩上更加宽松。创业板上市条件的具体内容如表 7-4 所示。

表 7-4 创业板上市条件的具体内容

项　目	具体内容
主体资格	1. 依法设立且持续经营三年以上的股份有限公司； 2. 发行人应当主要经营一种业务，生产经营活动符合法律、行政法规和公司章程的规定，符合产业政策及环保政策； 3. 发行人最近两年内主营业务和董事、高级管理人员均没有发生重大变化，实际控制人没有发生变更
独立性	1. 资产完整、业务独立、人员独立、财务独立、机构独立； 2. 具有完整的业务体系和直接面向市场独立经营的能力； 3. 与控股股东、实际控制人及其控制的其他企业间不存在同业竞争，以及严重影响独立性或显失公允的关联交易

续表

项　目	具体内容
规范运作	1．依法建立健全股东大会、董事会、监事会以及独立董事、董事会秘书、审计委员会制度； 2．内部控制制度健全且被有效执行； 3．发行人及其控股股东、实际控制人最近三年内不存在损害投资者权益和社会公共利益的重大违法行为； 4．具有严格的资金管理制度，不存在资金被控股股东、实际控制人及其控制的其他企业以借款、代偿债务、代垫款项或者其他方式占用的情形； 5．公司章程已明确对外担保的审批权限和审议程序，不存在违规担保的情形
财务与会计	1．最近两年连续盈利，且最近两年净利润累计≥1 000 万元，并持续增长；或者最近一年盈利，且净利润≥500 万元，最近一年营业收入≥5 000 万元，最近两年营业收入增长率均≥30%； 2．最近一期末净资产≥2 000 万元，且不存在未弥补亏损； 3．发行后股本总额≥3 000 万元； 4．会计基础工作规范，内部控制制度健全有效，财务会计报告无虚假记载
募资资金运用	1．募集资金应当用于主营业务，并有明确的用途； 2．募集资金数额和投资项目应当与发行人现有生产经营规模、财务状况、技术水平和管理能力等相适应； 3．建立募集资金专项存储制度
股本及公开发行比例	1．公开发行比例须≥25%； 2．如果发行后总股本>4 亿股，则公开发行比例须≥10%

需要注意的是，创业板发行人应当自中国证监会核准之日起 12 个月内发行股票，发行时点由发行人自主选择；超过 12 个月未发行的，核准文件失效，须重新经中国证监会核准后方可发行。

3）中小板上市条件

中小板，即中小企业板，是中国证监会 2004 年 5 月在深圳证券交易所主板市场内设立的市场，主要针对的是处在成长期、具有区域优势、自主创新能力强、尚达不到主板上市要求的中小型企业。中小板上市条件的具体内容如表 7-5 所示。

表 7-5　中小板上市条件的具体内容

项　目	具体内容
主体资格	1．依法设立且持续经营三年以上的股份有限公司； 2．发行人应当主要经营一种业务，生产经营活动符合法律、行政法规和公司章程的规定，符合产业政策及环保政策； 3．发行人最近两年内主营业务和董事、高级管理人员均没有发生重大变化，实际控制人没有发生变更
独立性	1．资产完整、业务独立、人员独立、财务独立、机构独立； 2．具有完整的业务体系和直接面向市场独立经营的能力； 3．与控股股东、实际控制人及其控制的其他企业间不存在同业竞争，以及严重影响独立性或显失公允的关联交易
规范运作	1．依法建立健全股东大会、董事会、监事会以及独立董事、董事会秘书、审计委员会制度； 2．内部控制制度健全且被有效执行； 3．发行人及其控股股东、实际控制人最近三年内不存在损害投资者权益和社会公共利益的重大违法行为； 4．具有严格的资金管理制度，不存在资金被控股股东、实际控制人及其控制的其他企业以借款、代偿债务、代垫款项或者其他方式占用的情形； 5．公司章程已明确对外担保的审批权限和审议程序，不存在违规担保的情形
财务与会计	1．最近两年连续盈利，且最近两年净利润累计≥1 000 万元，并持续增长；或者最近一年盈利，且净利润≥500 万元，最近一年营业收入≥5 000 万元，最近两年营业收入增长率均≥30%； 2．最近一期末净资产≥2 000 万元，且不存在未弥补亏损； 3．发行后股本总额≥3 000 万元； 4．会计基础工作规范，内部控制制度健全有效，财务会计报告无虚假记载
募资资金运用	1．募集资金应当用于主营业务，并有明确的用途； 2．募集资金数额和投资项目应当与发行人现有生产经营规模、财务状况、技术水平和管理能力等相适应； 3．建立募集资金专项存储制度
股本及公开发行比例	1．公开发行比例须≥25%； 2．如果发行后总股本>4 亿股，则公开发行比例须≥10%

需要注意的是，在监管制度方面，中小板比主板更为严格，要求企业建立募集资金使用定期审计制度；涉及公司发展战略、生产经营、新产品开发、经营业绩和财务状况等内容的年度报告说明会制度；定期报告披露上市公司股东持股分布制度；上市公司及中介机构诚信管理系统；退市公司股票有序快捷地转移至股份代办转让系统交易的机制。

2. IPO 退出流程

IPO 退出流程如图 7-19 所示。

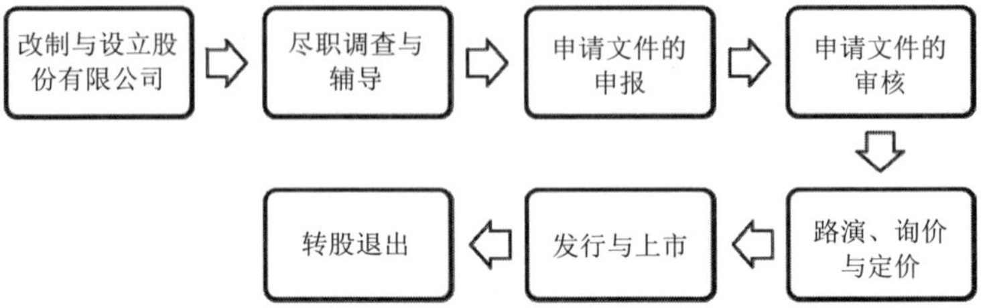

图 7-19　IPO 退出流程

每个阶段的具体工作内容和所需时间如表 7-6 所示。

表 7-6　IPO 退出各个阶段的工作内容与时间

工作阶段	工作内容	所需时间
改制与设立股份有限公司	1．企业拟定改制重组方案，聘请证券中介机构对方案进行可行性论证； 2．对拟改制的资产进行审计、评估，签署发起人协议，起草公司章程等文件； 3．设置公司内部组织机构，设立股份有限公司	视实际情况而定
尽职调查与辅导	1．向当地证监局申报辅导备案； 2．保荐机构和其他中介对公司进行尽职调查、问题诊断、专业培训和业务指导； 3．完善组织机构和内部管理，规范企业行为，明确业务发展目标和募集资金投向； 4．对照发行上市条件对存在的问题进行整改，准备首次公开发行申请文件； 5．当地证监局对辅导情况进行验收	视实际情况而定
申请文件的申报	1．企业和证券中介按照证监会的要求制作申请文件； 2．保荐机构进行内核并向证监会尽职推荐； 3．符合申报条件的，证监会在 5 个工作日内受理申请文件	2～3 个月
申请文件的审核	1．证监会对申请文件进行初审，如申报中小板还需征求发行人所在地省级人民政府和国家发改委的意见，申报创业板则无须征求意见； 2．证监会向保荐机构反馈意见，保荐机构组织发行人和中介机构对相关问题进行整改，对审核意见进行回复； 3．证监会根据反馈回复继续审核，预披露申请文件，召开初审会，形成初审报告； 4．证监会发审委召开会议对申请文件和初审报告进行审核，对是否同意发行人上市投票表决； 5．依据发审委审核意见，证监会对发行人的申请做出决定	3～9 个月

续表

工作阶段	工作内容	所需时间
路演、询价与定价	1．发行人在指定报刊、网站全文披露招股说明书及发行公告等信息； 2．主承销商与发行人组织路演，向投资者推介和询价，并确定发行价格	3～4周
发行与上市	1．根据证监会规定的发行方式公开发行股票； 2．向证券交易所提交上市申请； 3．在登记结算公司办理股份的托管与登记； 4．在交易所挂牌上市	3～4周
转股退出	1．寻找意向受让方； 2．股份转让； 3．退出	视情况而定

7.5.2　挂牌新三板退出

新三板是全国性的非上市股份有限公司股权交易平台，主要针对的是科技含量较高、自主创新能力较强的中小股份制企业，由全国中小企业股份转让系统（http://www.neeq.com.cn/index）负责组织安排其股份公开转让、融资并购等业务。

自2006年1月在中关村科技园区正式试点，目前“新三板”已扩容到全国。根据新三板在线统计，截至2016年10月14日，新三板挂牌公司总规模达9 168家，总股本为5 284.35亿股，总市值达35 755.68亿元。其中，高新技术企业占比为67%，涉及机械制造、IT、互联网、娱乐传播、金融、物流、生物技术等各个行业。

1．挂牌条件

根据《公司法》、《证券法》、《全国中小企业股份转让系统业务规则（试行）》等法律法规，新三板挂牌条件如表7-7所示。

表7-7　新三板挂牌条件

要　　求	具体内容
依法设立且存续两年	1．公司依据《公司法》等法律法规向登记机关申请登记，公司设立的主体、程序、股东出资及比例都符合《公司法》相关规定，并已取得《企业法人营业执照》。 2．公司存续期已满两年，有限公司整体改制可以从公司成立之日起连续计算

续表

要　求	具体内容
业务明确，具有持续经营能力	1. 公司能够明确、具体地阐述其经营的业务、产品或服务、用途及其商业模式等信息。同时，经营一种或多种业务时，每种业务应具有相应的关键资源要素，该要素组成应具有投入、处理和产出能力，能够与商业合同、收入或成本费用等相匹配。 2. 公司业务遵守法律法规规定，符合国家产业政策和环保、安全、质量等要求。 3. 公司具有持续经营能力，在基于报告期内的生产经营状况，在可预见的将来，有能力按照既定目标持续经营下去，不存在对其持续经营产生重大不利影响的各种不利变化，公司营业收入和净利润对关联方或者存在重大不确定性的客户不存在重大依赖
公司治理结构健全，运作规范	1. 公司应当按照《公司法》等法律、行政法规和中国证监会的规定，制定公司章程，明确股东会、董事会、监事会和经理层之间的职责划分，建立健全的内部组织机构，完善公司治理。全国股份转让系统公司章程的制定和修改，应当经中国证监会批准。 2. 公司及其控股股东、实际控制人、董事、监事、高级管理人员等主体资格合法，最近 24 个月内不存在涉及以下情形的重大违法违规行为：（1）控股股东、实际控制人受刑事处罚；（2）受到与公司规范经营相关的行政处罚，且情节严重；（3）涉嫌犯罪被司法机关立案侦查，尚未有明确的结论意见。 3. 公司运作合法规范，财务制度健全并且独立核算；有限公司需改制后才可挂牌
股权明晰，股份发行和转让行为合法合规	1. 公司的股权结构清晰，权属分明，真实确定，合法合规，股东特别是控股股东、实际控制人及其关联股东或实际支配的股东持有公司的股份不存在权属争议或潜在纠纷。 2. 公司的股东不存在国家法律、法规、规章及规范性文件规定的不适宜担任股东的情形。 3. 公司的股票发行和转让依照法律程序进行，不得违规操作，不存在下面情形：最近 36 个月内未经法定机关核准，擅自公开或者变相公开发行过证券；违法行为虽然发生在 36 个月前，但目前仍处于持续状态
主办券商推荐并持续督导	1. 申请挂牌公司应当与主办券商签订《推荐挂牌并持续督导协议》，按照全国股份转让系统公司的有关规定编制申请文件，并向全国股份转让系统公司申报。 2. 主办券商应完成尽职调查和内核程序，对公司是否符合挂牌条件发表独立意见，并出具推荐报告

2. 新三板挂牌退出流程

新三板挂牌退出流程如下（见图 7-20）。

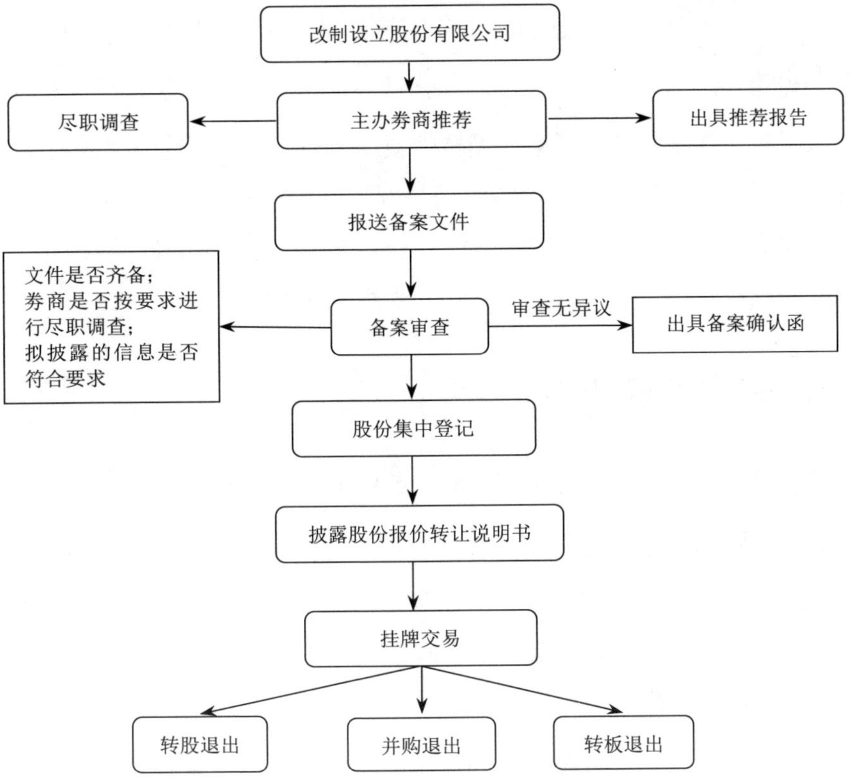

图 7-20　新三板挂牌退出流程

企业在新三板挂牌后，股权投资资本又可以通过股票转让、并购、转板等方式实现退出。

比如，2015 年，新三板挂牌企业苏北花卉的投资商芜湖富海银涛拾贰号投资合伙企业（以下简称“富海银涛”）即通过协议转让的方式减持了公司 405 万股股份，占公司总股本的 7.78%，交易对手分别为华泰证券、齐鲁证券和山西证券，3 家券商分别受让了 275 万股、30 万股及 100 万股。按照此次交易价格 8 元/股计算，此次交易金额为 3 240 万元，富海银涛浮盈 200 万元。

另外，新三板挂牌企业因为高成长性的特点，很容易进入上市公司并购的视野，一旦成功并购，投资机构可顺利退出。例如，新冠亿碳、瑞翼信息、湘财证券、易事达、激光装备、金豪制药、屹通信息、捷虹股份、福格森、嘉宝华、阿姆斯和铂亚信息等新三板挂牌公司，就因并购终止挂牌，投资机构顺利退出。

或者也可以根据企业需要，先挂牌新三板暂不退出，待公司成长起来后，选择转板退出，获得更加丰厚的回报。例如，久其软件、世纪瑞尔、北陆医药、佳讯飞鸿、紫光华宇、博晖创新、东土科技、安控科技、双杰电气、康斯特、合众科技、粤传媒等新三板公司都转板成功。

7.5.3 并购退出

并购退出是指通过其他企业兼并或收购而使风险资本退出。

并购重组因其在推动产业整合、实现产业结构调整升级和资源优化配置方面发挥的巨大作用，往往受到国家政策的支持，使审查时间大大缩短；同时，又因能为投资者带来不菲的投资收益，在 IPO 审核收紧的背景下，已日渐成为主流的股权投资退出方式。

当企业成长到一定阶段时，利润越来越多，估值越来越高，如果被其他企业收购，初始投资人可获得高于原始投资数倍的收益。比如，给某一企业投资了 2 000 万元，占 20%的股权，企业估值是 1 亿元。一年以后，企业估值达到 2 亿元，2 亿元中占 20%的股权，就是 4 000 万元。如果这 4 000 万元的股权被其他企业或投资机构收购，则初始投资人可净赚 2 000 万元。

在 IPO 审核日渐收紧的背景下，并购退出优势更加明显（见图 7-21）。

1. 高效、灵活

与 IPO 退出漫长的上市准备时间、严格的财务审查、业绩增长压力相比，并购退出程序简单、不确定因素少，对企业的发展规模、财务业绩连续表现、企业类型等方面的要求要宽松得多，只要找到“Mr Right”达成交易，就能实现退出，快速获取收益，实现资本循环，有利于提高投资公司的资本运作效率，减少投资风险。

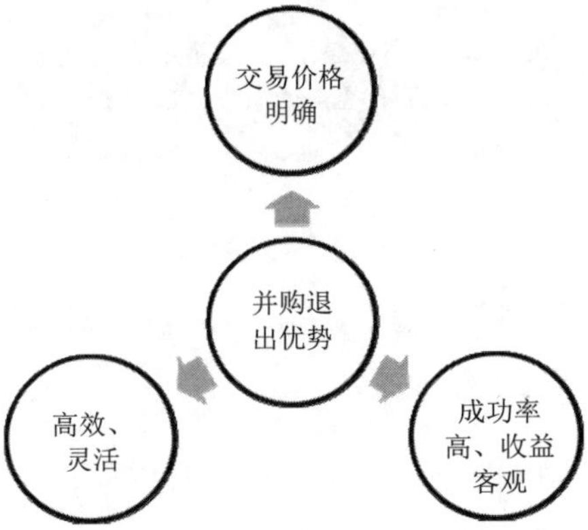

图 7-21　并购退出优势

2．交易价格明确

并购退出在并购交易完成后即可一次性全部退出，交易价格及退出回报较为明确。而 IPO 退出则要等待 1～3 年不等的上市解禁期，即使到了解禁期也要考虑到被投公司上市后的股价波动，可能要分批次才能够实现全部退出，届时上市公司的股价也不得而知，增加了退出回报的不确定性。

3．成功率高、收益客观

没有 IPO 严格的审查条件，并购退出的成功率较高，收益也不低。2005 年，软银赛富把持有的盛大网络的股权卖给了美国思科，净赚 5.2 亿美元，投资回报率高达 14 倍；2010 年，九鼎所持有的日照三川果汁有限公司的 20%股权被一家德国企业收购，获得 30%的复合收益率；2011 年，时代伯乐旗下基金进入创世漫道，成本为 1 500 万元，2013 年 3 月底，创世漫道被联动优势并购，时代伯乐退出年化回报超过 50%；2014 年 6 月，澳银资本旗下人民币基金—华澳基金投资的航通智能和众为兴分别被佳讯飞鸿（300213）和新时达（002527）收购，分别获得 2.5 倍和 4 倍的账面回报。

并购退出流程如下（见图 7-22）。

图 7-22　并购退出流程

（1）协商谈判。在并购过程中，第一步是寻找接触受让方，确定有意向的受让方，并签署初步并购意向书。

（2）尽职调查。尽职调查是一个承前启后的阶段，受让方对目标企业展开调查，了解企业的实际经营状况，判断并购风险，为下一步谈判做准备。

（3）文件起草。尽职调查完成后，如果双方有继续交易的意愿，就需要根据《公司法》及公司章程，起草相关文件并继续谈判。

（4）签订并购协议。交易各方经过谈判达成一致后，最终签署《股权转让协议》。

（5）完成股权交割。签署完《股权转让协议》后，交易各方需要按照协议履行各自的义务，清点财产、办理股权过户等，完成股权交割。

7.5.4　回购退出

回购退出，是指企业、企业管理层或原股东按照约定的价格回购公司股份，从而使风险资本退出。通常情况下，投资者与融资者会在股权投资协议中签订回购条款，当目标企业发展达不到预期时，由企业或其管理层及原股东溢价回购投资者手中的股票，以确保投资机构已投入资本的安全性。

回购退出交易过程简单、成本低、资本安全得到保障，但现阶段我国法律对股份回购的限制较多。

1．现行法律对公司回购的规定

《创业投资企业管理暂行办法》第二十四条规定，创业投资企业可以通过被投资企业回购等途径实现投资退出。

《公司法》则对股份回购做出了限制性规定。

《公司法》第一百四十三条规定，公司不得收购本公司股份，除非有下列情形：

（1）减少公司注册资本。

（2）与持有本公司股份的其他公司合并。

（3）将股份奖励给本公司职工。

（4）股东因对股东大会做出的公司合并、分立决议持异议，要求公司收购其股份的。

《公司法》第七十五条规定，有下列情形之一的，对股东会该项决议投反对票的股东可以请求公司按照合理的价格收购其股权：

（1）公司连续五年不向股东分配利润，而公司该五年连续盈利，并且符合本法规定的分配利润条件的。

（2）公司合并、分立、转让主要财产的。

（3）公司章程规定的营业期限届满或者章程规定的其他解散事由出现，股东会会议通过决议修改章程使公司存续的。

自股东会会议决议通过之日起六十日内，股东与公司不能达成股权收购协议的，股东可以自股东会会议决议通过之日起九十日内向人民法院提起诉讼。

除以上几种情形外，公司是不允许回购股份的。

2. 现行法律对股东回购的规定

《公司法》第七十一条规定，有限责任公司的股东相互之间可以转让其全部或者部分股权。股东向股东以外的人转让股权，应当经其他股东过半数同意。股东应就其股权转让事项书面通知其他股东征求同意，其他股东自接到书面通知之日起满三十日未答复的，视为同意转让。其他股东半数以上不同意转让的，不同意的股东应当购买要转让的股权；不购买的，视为同意转让。经股东同意转让的股权，在同等条件下，其他股东有优先购买权。两个以上股东主张行使优先购买权的，协商确定各自的购买比例；协商不成的，按照转让时各自的出资比例行使优先购买权。公司章程对股权转让另有规定的，从其规定。

《公司法》第一百四十一条规定，发起人持有的本公司股份，自公司成立之日起一年内不得转让。公司公开发行股份前已发行的股份，自公司股票在证券交易所上市交易之日起一年内不得转让。

3．现行法律对股份回购条款的认定

最高人民法院《关于审理联营合同纠纷案件若干问题的解答》第四条第二项规定，“联营合同中的保底条款，通常是指联营一方虽向联营体投资，并参与共同经营，分享联营的盈利，但不承担联营的亏损责任，在联营体亏损时，仍要收回其出资和收取固定利润的条款”，可能会被确认为无效。

股份回购中，投资机构通常要求回购价格不低于本金加固定收益，即所谓的“保底条款”，这使得投资有了相对固定的收益保障，会被认为与股权投资的风险共担、利益共享原则不符，而被认定为无效。

由此可见，法律对股份回购做出了严格的限制，除非满足特定条件，否则股东与目标公司之间不能通过协议约定“股份回购”，即使做出了类似的约定，也很难得到司法认可与执行。

鉴于此，投资者在设立股份回购条款时，需要注意以下几个问题。

（1）回购条款的设计应合法合理，以免被认定为“企业借贷”。

（2）回购条款设立前，应充分考虑其未来的可执行性，如回购时间、回购方式、回购价格等。

（3）投资者应对需要承担回购义务的主体进行评估，并以书面文件的形式保证目标的实现。由于公司作为回购主体的限制较多，可以考虑目标企业管理层及原股东。

回购退出不是一种理想的退出方式，但在公司发展受阻、业绩不达标的情况下，回购退出有利于保全投入资本。

例如，在小马奔腾与建银文化的股权纠纷案中，因小马奔腾一直无法达到预定的发展目标而被建银文化诉诸法庭。最终，中国国际经济贸易仲裁委员会裁定双方签订的股权回购条款有效，判定由小马奔腾责任承担者回购建银文化持有的小马奔腾股份，并支付建银文化股权转让款 6.35 亿元，由此保全了建银文化的投入资本，不至于血本无归。

7.6　案例：今日资本，十年磨一剑，投出业界独角兽

今日资本是一家国际性投资基金公司（见图 7-23）。目前，今日资本独立管理着 15 亿美元的基金，主要来自英国政府基金、世界银行等著名投资机构。

图 7-23　今日资本官网

在今日资本的投资案例中，最成功的莫过于对京东商城的投资。

2014 年 5 月 22 日，京东在美国纽约纳斯达克上市，市值达 286 亿美元。今日资本持有京东 7.8%的股份，在京东上市中大赚了 22 亿美元，获得了 100 倍以上的回报。

今日资本的投资理念，简单来说主要归结为三点：找对企业家、选好“赛道”、长线投资。

今日资本对企业家品质有明确要求：有眼光、有领导力、有诚信。今日资本创始人徐新曾说，刘强东从大学就开始创业，最开始在中关村开店卖刻录机和光盘，凭借着培训加系统的独特营销方式和个人能力，很快卖到了第一。这让她看到了胆量和管理能力。同时，刘强东“不会只讲好听的话，而是好的坏的都告诉你”，体现了诚信；而刘强东对京东“亚马逊+UPS”品类的开创又体现了眼光。

今日资本一直秉承先选“赛道”的投资理念，创始人徐新表示：“今日资本的风格是专注，其他投资人一年投三个，我们可能三年才投一个案子。今日资本一共投了 15 个案子，7 个公司变成了行业第一品牌。我们非常专注，只投消费品品牌、零售连锁、互联网。我们花很多时间在选‘赛道’上，我们要找到品类的开创者。”

纵观近几年今日资本的投资案例，我们不难看出，今日资本的投资方向一直集中在消费品、零售连锁和互联网三个领域（见表 7-8），且基本都是行业里的佼佼者或开创者。比如，娃哈哈开创了纯净水品类，网易的《大话西游》游戏开创了大型多人在线游戏品类，真功夫开创了蒸式快餐品类……

表 7-8　今日资本投资案例

序　号	被投资企业	行业特征	投资时间
1	相宜本草	本草化妆品生产及销售	2007 年
2	都市丽人	时尚内衣连锁商店	2010 年
3	远梦	家纺产品生产及销售	2008 年
4	德青源	优质鸡蛋生产及销售	2006 年

续表

序　号	被投资企业	行业特征	投资时间
5	益丰大药房	医药零售连锁药房	2008 年
6	良品铺子	休闲食品连锁商店	2011 年
7	真功夫	中式快餐连锁	2007 年
8	翠华茶餐厅	港式连锁茶餐厅	非公开
9	荣庆	大型物流、冷链运输	2014 年
10	京东商城	家电及 3C 零售网站	2006 年
11	钻石小鸟	钻石零售网站	2007 年
12	土豆网	视频分享网站	2007 年
13	三只松鼠	互联网食品品牌	2013 年
14	赶集网	本地生活信息门户	2011 年
15	蚂蜂窝	旅游攻略网站	2013 年
16	大众点评网	本地服务平台	2012 年
17	达令	电子商务	2016 年

长线投资，也是今日资本一直奉行的投资理念。在徐新看来，“伟大的公司本来就是不多的。如果你运气够好，又非常努力，正好撞到几个伟大的公司，那么你真的要长期持有，在它身上赚很多很多的钱”。投资京东，始于 2007 年，直到 2014 年京东上市，今日资本依旧没有退出的打算；投资德青源始于 2006 年，直到 2016 年德青源踏进新三板，持股近 10 年；投资远梦家纺，从 2008 年到 2016 年，持续持股近 8 年。

正是一直坚持这样的投资理念，这些年在今日资本所投项目中，有 7 个公司已变成了行业第一品牌或成为行业中的“独角兽”，也为今日资本带来了高额回报，如京东赚了 150 多倍，相宜本草超过 8 倍，土豆近 8 倍，益丰大药房超过 8 倍。

第 8 章

股权并购：撬动更大的市场

很多企业家都沉醉于“给我一根杠杆，我可以撬动地球”的豪迈，但却一直纠结于没有那根杠杆、无缘撬动地球的遗憾。现在好了，通过股权并购，完全可以实现“撬动地球”的梦想。

例如，万达集团通过股权并购方式，斥资 9.21 亿英镑（约合 12 亿美元，81 亿元人民币）从私募股权公司 Terra Firma 手中收购了欧洲第一大院线——Odeon &UCI 院线，与此同时，也将拥有 Odeon & UCI 院线在欧洲的 242 家影院、2 236 块银幕，占据欧洲市场份额的 20%；万达集团掌握亚洲、北美和欧洲第一大院线，为其子公司——传奇影业在全球的发展铺平道路，真正转型为一家全球化的大型综合集团。

8.1　并购目标有效甄选四步法

并购流程由若干环节构成，而选择并购对象是其中一个必要环节，也是并购的第一要务。因此，设计一个积极而系统化的战略并购目标甄选流程就显得非常重要。

一般来说，这个甄选流程主要包括四个环节（见图 8-1）。

图 8-1　并购目标甄选流程

1．设计甄选标准

首先，并购方要根据本次并购要达到的目的及战略发展需求来制定甄选标准。比如，要进入一个新的市场领域，那么哪些领域最具吸引力，又有哪些目标公司能帮助我们进入这些领域呢？可以相应地制定出目标公司的收入标准、地域标准、资产标准、产品标准、成本标准等。

2．建立潜在对象数据库

通过甄选标准，通常能淘汰掉 50%～80%的潜在目标。接下来，建立一个全面的潜在并购对象大名单。名单的长度及涵盖的范围主要取决于公司的特定行业、战略目标及筛选标准的严格程度，并进行实时更新，以应对灵活多变的商业环境。

3．初步筛选

名单收集完成后，便可利用准入标准和排除标准对名单中的目标公司进行初步筛选，从而快速有效地排除非目标公司，留下满足基本条件的目标公司进入下一轮筛选。

可以通过量化打分的方式来进行筛选。比如，当目标公司年销售收入正好在 10 亿～30 亿元的理想范围时，打 10 分；而当目标公司年销售收入不是太理想，为 5 亿～10 亿元时，则只能获得 5 分。最终加总每个目标公司各项选择条件的得分，便可进行排序。

4．重点筛选

经过初步筛选，并购方确定了一个优选名单。接下来，可以对名单上的公司进行重点分析，如公司产品和专利信息、公司的客户及市场数据、目前的商业合作伙伴、公司的市场竞争力、所在细分市场的发展趋势等，全面评估拟收购对象的价值，最终确定收购对象。

2010 年，盛大全资收购韩国《龙之谷》游戏开发商 Eyedentity Games，巩固了公司的研发能力，强化了海外输出能力。Eyedentity Games 创办于 2007 年，开发人员大都具有 10 年以上的游戏开发经验，曾开发过《Kingdom under fire》、《N3》等畅销单机游戏，拥有强劲的开发实力和运营推广能力，以及对市场快速响应的应变能力。

在实践中，在目标对象的选择上，并购方应该意识到以下几点（见图 8-2）。

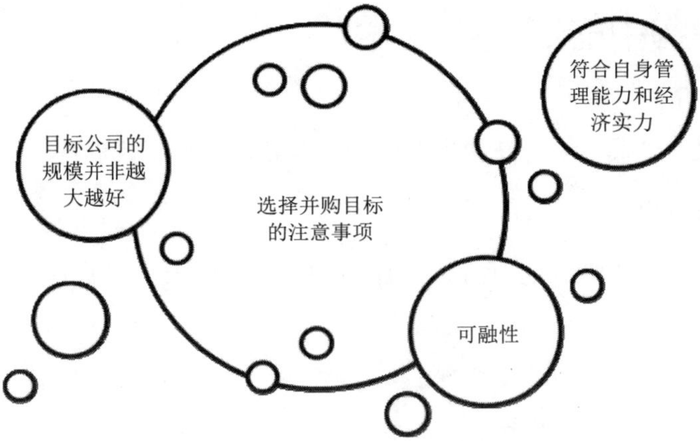

图 8-2　选择并购目标的注意事项

（1）目标公司的规模并非越大越好。并购时所考虑的目标公司在规模上不是越大越好，而应当大小适中。如果目标公司的规模太大，那么意味着在并购中需要有大笔的并购资金支出，这会给并购方增加资金压力。另外，目标公司的规模太大，并购后会加大整合难度，影响并购方的业务发展，甚至拖垮并购方。如果目标公司规模过小，也不符合收购方自身发展战略，不能够满足企业迅速扩大规模的需求。因此，目标公司最适宜的规模标准是，并购后收购方能在现有生产技术和生产设备水平的基础上努力朝最优化方向发展。

（2）符合自身管理能力和经济实力。并购方在进行并购时应当量力而行，切不可盲从“以小博大”、“蛇吞象”等理念，选择超过自身管理和经济实力的目标公司，以至于收购成功后也很难控制，反而被拖入“泥沼”。

（3）可融性。企业并购会对目标公司各方面都产生相当大的冲击和震动，特别是它可能导致目标公司身份的丧失，以及原管理人员的职位变更、雇员身份的变动及目标公司原有所有者的利益份额调整，还会将影响到目标公司原有的企业文化、人事制度等。因此，在选择并购目标时，企业的管理风格、文化、价值追求等软性因素也都是需要考虑的。

8.2 并购中的成本控制术

并购是一个高风险、高回报的企业交易活动，只有合理地控制并购成本，才能有效降低风险。

一般来说，企业在进行并购的过程中会有以下几个方面的主要成本支出（见图 8-3）。

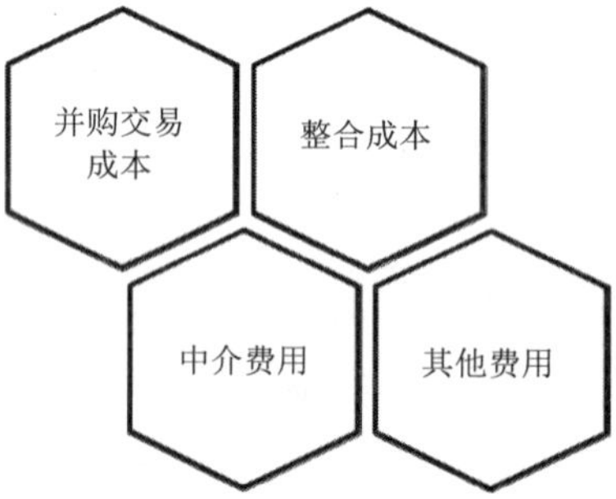

图 8-3 股权并购中的主要成本支出

1. 并购交易成本

并购交易成本是指并购双方达成的协议价格，也是并购过程中最主要的成本支出。这个成本支出多少取决于双方谈判博弈的结果，受到目标企业资产规模、资产质量、产品结构、主营业务的盈利能力、成本结构、融资能力、竞争对手的实力、报价和竞争策略等因素的影响。

2. 整合成本

整合成本指并购后为使被并购企业健康发展而支付的长期运营成本，具体包括整合改制成本、注入资金的成本，如整合经营战略和产业结构、重建销售网络、剥离不良资产等。整合成本具有长期性、动态性和难以预见性，如果不加以控制，则很可能比交易成本还要高很多。

3. 中介费用

一般大中型的并购交易都需要有专业的中介机构参与，具体包括财务顾问、会计师、律师、评估师等，有的并购交易还需要额外的专业中介机构人员，如行业和技术专家等，这些短期外聘的中介机构人员需要一笔不菲的费用。

4．其他费用

最后是除去以上三种主要成本以外的其他成本支出，如信息获取成本、并购融资成本、税务成本、机会成本、公关沟通成本、差旅、工商变更等一些小的成本支出。比如跨国并购，往往会产生很多意想不到的成本支出。

鉴于此，我们有必要在并购过程中掌握以下技巧，合理控制并购成本（见图 8-4）。

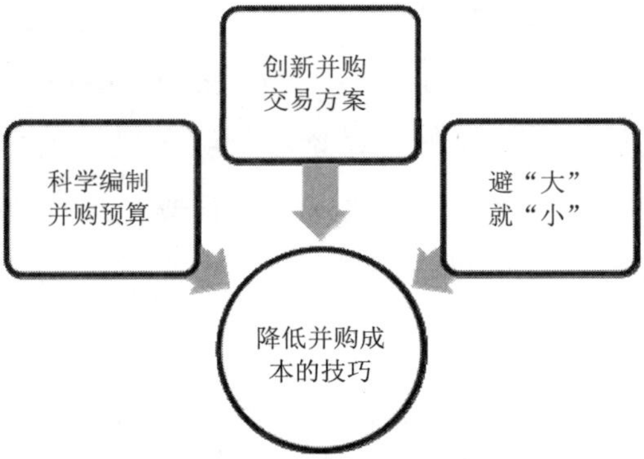

图 8-4　降低并购成本的技巧

1．科学编制并购预算

并购是为了创造更多的价值利益，实现“1+1＞2”的协同效应，但如果不能科学合理地控制并购成本，那么并购价值创造就会大打折扣。因此，建议并购方企业编制科学严谨的并购交易预算表，从制度上确保并购成本控制得到切实执行。

2．创新并购交易方案

通过创新并购交易方案，如税收筹划、选用最优价值评估方法、精心安排谈判交易等都可以降低交易成本。

比如暴风科技并购稻草熊影业，以成本法评估，稻草熊公司净资产账面价值超过 3 835 万元，评估值超过 1.37 亿元，增值 9 962 万元，增值率仅为 259.74%；若以收益法评估，评估值为 15.27 亿元，评估增值 14.88 亿元，增值率为 3 881.53%。由此可见，评估方法的选用对交易成本影响巨大。

3. 避“大”就“小”

相对一些大并购的风险，选择那些规模较小、技术卓越却缺少资金的初创企业，往往交易成本要低很多。比如微软，它专门成立了一个“猎头小组”，收购那些与微软业务相关、创新能力极强却缺少资金的萌芽期企业，既避免了政治成本、资金成本和文化成本，同时又将未来的对手扼杀在了“摇篮”中。

和微软选择相同做法的还有思科（见图 8-5）。思科一向不喜欢和那些已经具备一定规模和实力的大公司展开并购谈判交易，相反它倾向于寻找规模不大、能弥补自己产品或专业技能不足的中小型公司，对于超过 2 亿美元的并购，思科很少参与。

图 8-5　思科官网

8.3 并购中的谈判技巧

就像一句流行语说的那样：沟通无处不在。在并购交易中，沟通与谈判也是无处不在的，贯穿整个并购交易始终，而娴熟的谈判技巧则是保证并购成功的必备条件。

一般来说，在不同阶段，并购谈判的重点和策略也是不一样的。在并购的初始阶段，谈判的重点是围绕如何说服目标企业与并购方进行合作。因此，在这个阶段，并购方企业首先要做好充分的谈判准备，深入了解目标企业的基本情况，并形成相应对策，做到知己知彼；其次，与目标企业的初次接触要用一种真诚的态度与热情表达自己的合作意向，向目标企业客观分析并购整合的趋势与必然性，以及并购合作所带来的利益，动之以情，晓之以理，让目标企业从心理上认可这次合作。在谈判中，尽量不要用“收购”、“兼并”这样的词语，以免对方产生抵触心理。

在完成了与目标企业的接触、说服工作后，接下来就进入并购交易的执行阶段。在这个阶段，谈判围绕交易价格与交易条件展开，包括交易框架、并购价格、支付方式、条款等，我们要注意运用以下方法技巧（见图 8-6）。

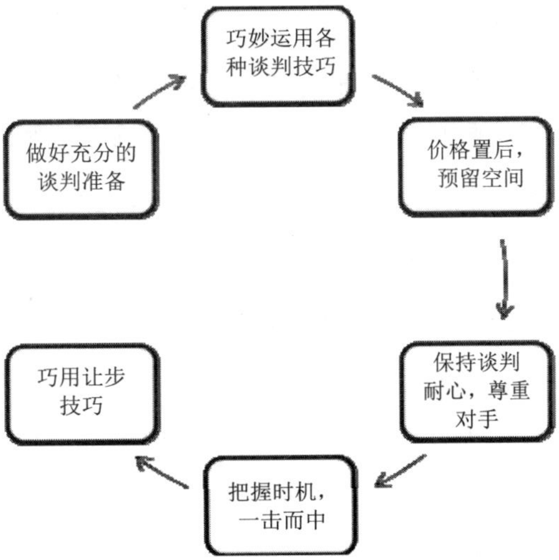

图 8-6 并购中的谈判技巧

1. 做好充分的谈判准备

《孙子兵法》“军行篇”中有这样一句话：“胜兵先胜而后求战，败兵先战而后求胜。”意思是说，胜利之师是先具备必胜的条件，然后再交战，失败之军总是先同敌人交战，然后期求从苦战中侥幸取胜。通俗一点讲，就是胜利之师不打无准备之仗。

谈判也一样，在正式开始之前，并购方应该对目标企业的情况有一个系统的了解，做到知己知彼。比如，了解其真正的交易背景动机、洞悉其股东考虑出让股权的真正意图，并因此把对自身有利的各种事实依据列举出来，形成基本谈判方案策略；同时，深挖谈判中可能涉及的各种细节，如影响谈判的杠杆、价值、销售价格、竞争及其他因素的信息等，做好保守性方案，以备不时之需。另外，在谈判前务必要明确谈判的重点与底线，哪些条款可以接受，哪些条款不能接受。

2. 巧妙运用各种谈判技巧

并购谈判是一个重新评价交易利弊、重新定义各自股东的价值和竞争地位的过程。谈判的成功，取决于双方利益的最大化，因此，各方都需要能够从对方的角度理解交易。这种理解包括明确对方财务状况、战略发展目标、个人交易动机、谈判预期变化、风险敏感性、竞争挑战、资本限制、现金流需求等。因此，在谈判中，双方要给予对方足够的理解与信任，同时运用一些谈判技巧，比如常见的谈判策略：注意倾听、找寻漏洞、谋定后动、声东击西、空城计、巧妙地应用开放式的提问方式，尽量少用绝对词语来回答问题等，使对方感受到合作的诚意。

例如，有一年上海甲公司引进外墙防水涂料生产技术，日本乙公司与中国香港丙公司的报价分别为 22 万美元和 18 万美元。经调查了解，两家公司技术与服务条件大致相当，甲公司有意与丙公司成交。在终局谈判中，甲公司安排总经理与总工程师与乙公司谈判，而全权委托技术科长与丙公司谈判。丙公司得知此消息后，主动大幅度降价至 10 万美元与甲公司签约。其实，这就是谈判中的“兵不厌诈”技巧，甲公司让技术科长去和丙公司谈判，让丙公司认为甲公司已无意和其合作，于是丙公司主动降价，以期更低的价格达成交易。

3．价格置后，预留空间

谈判是一个求同存异的过程，一开始就挑明价格，会让对方感觉来者不善，咄咄逼人，不利于谈判的进行。因此，谈判刚开始时不要太着急谈具体价格，最好在商谈过程中对一些敏感的条款达成一致后，比如支付方式、兑现期限、股东利益、董事会安排、后期的整合安排等，再行探讨价格。另外，在初次报价时，要留下 15%～25%的预计收购价格空间，对于热门资产，可以预留 10%的空间，以防止最后因无法进行价格调整而导致并购失败。

4．保持谈判耐心，尊重对手

并购谈判涉及多方利益，无法一蹴而成，是一件耗时费力的事情，尤其是当并购陷入谈判僵局的时候，这时更需要具备耐心、决心，不轻言放弃，也不盲目冲动、头脑发热，以免因急躁造成谈判失误。另外，在谈判中要尊重对手，包括尊重对方的立场，对方提出的建议、方案，对方为谈判做出的努力；在跨国谈判中，尤其要尊重对方的文化习俗、宗教信仰等。

例如，有一年一家中国企业赴中东某国进行一项工程承包谈判。在谈判中，中方负责商务条款的成员无意中评论了中东盛行的伊斯兰教，引起对方成员的不悦。当谈及实质性问题时，对方较为激进的商务谈判人员丝毫不让步，并一再流露出撤出谈判的意图。在该案例中，中方人员很明显没有尊重对方的宗教信仰，以至于使对方成员不悦，不愿意和中方合作。

5．把握时机，一击而中

对于一些热门资产，可能会出现多个并购方。即使初次谈判被拒绝，也不表示就失去了这次机会，可以静观其变，瞅准时机再次出手。例如，在百事可乐（见图 8-7）并购桂格的案例中，有百事可乐、可口可乐、达能三个并购方。百事可乐在最初的报价遭到拒绝后，并没有马上放弃谈判，而是耐心等待机会。就在可口可乐即将与桂格签订合同时，情况却发生了变化，可口可乐与达能先后宣布退出此次收购，百事可乐顺势扣住桂格“急于出手”的心理，占据谈判中的优势地位，死咬住自己原先的谈判条件，加紧谈判步伐，加大对对手的压力，最终将桂格收入囊中。

图 8-7　百事公司官网

6. 巧用让步技巧

无论在哪类并购交易中，要想达成双方利益最大化，让步是必不可少的。把握让步的原则和规则，灵活运用让步的章法和技巧，能够避免轻易被对方击穿谈判预期和底线，并能够引导对方以获得最终的双赢。

一般而言，让步的幅度是逐步递减的，让对手感觉你很有合作的诚意，但让步已越来越接近底线，也越来越难，如果再僵持下去可能会面临失败；让步的次数不宜过多，在任何谈判中，一次让利 30 万元和让利十次 3 万元，给人的感受是大不相同的。频繁的让步，会让对手认为让步对你来说是一件轻而易举的事情，而自身价值还有更多升值空间，因此其可能会得寸进尺，要求更多的让步。让步不可急于求成，太快而草率的让步，不但容易动摇并购方的谈判立场，而且会让目标企业质疑你最初报价的诚意，从而破坏双方后续交易中的信任。让步的间隔时间应该越来越长，比如第一次让步的考虑时间是一个月，第二次可以拉长到一个半月，让对方感受到你方做出让步时的艰难与努力，同时也留给对方充分的考虑时间，消磨对方的耐性，以获取对方的让步。

但无论做出何种让步，都要明确让步的底线，避免在谈判过程中，由于对交易成功的急迫性，导致谈判者做出无法兑现的让步承诺，或者陷入兑现让步承诺则损害己方利益、不兑现让步承诺则损害己方商誉的进退两难的境地。

8.4　并购中的特殊条款设计

在股权并购中，并购方和目标企业处于信息不对称的局面，为了防止并购后的风险，往往需要通过一些特殊条款来分散风险。

其中，业绩补偿条款最为常见，表述一般如下。

双方约定：标的公司____年的净利润不得低于____万元，如果不能实现，并购方有权要求标的公司予以补偿，具体补偿标准为___________；若承诺期满标的公司实际经营业绩达到或超过承诺业绩标准的，则并购方向标的公司特定股东或员工给予一定奖励。

例如，在新宙邦（见图 8-8）并购海斯福 100%股权的案例中，新宙邦拟以发行股份及支付现金的方式购买王陈锋等 6 名海斯福股东合计持有的海斯福 100%股权，并募集配套资金。其中，本次交易的总对价确定为 68 400 万元。考虑交易对价的形式不同导致未来承担的业绩承诺责任和补偿风险不同，本次交易 60%的股权以现金支付，对价为 3.42 亿元；40%的股权以发行股份支付，对价为 3.42 亿元。交易对方内部协商后同意王陈锋持有的海斯福 30%

股权参与现金形式交易、10%股权参与股份形式交易，其余股东将各自持有股份按照 1:1 的比例参与现金形式交易和股份形式交易。

图 8-8　新宙邦官网

1. 业绩补偿

海斯福对新宙邦的利润补偿期间为 2014—2017 年。

海斯福承诺，标的资产 2014 年、2015 年、2016 年任意一年扣除非经常性损益后归属于母公司的年度净利润不低于 4 000 万元，2014—2017 年累计扣除非经常性损益后归属于母公司的净利润不低于 26 000 万元，2015 年、2016 年、2017 年经审计累计实现的经营性净现金流不低于 12 000 万元。

利润补偿期间，依照下述方法计算当年应予补偿的股份数量：

（1）如果标的资产 2014 年、2015 年、2016 年任意一年扣除非经常性损益后归属于母公司的年度净利润低于 4 000 万元，那么交易对方在该年度补偿的股份数量=（6 000 万−该年度扣除非经常性损益后归属于母公司的净利润）/6 000 万×（新宙邦为本次交易支付给交易对方的股份数/3）。

（2）如果标的资产 2014 年、2015 年、2016 年、2017 年累计实现的扣除非经常性损益后归属于母公司的净利润低于 26 000 万元或 2015 年、2016 年、2017 年经审计累计实现的经营性净现金流低于 12 000 万元，则交易对方补偿的股份数量为根据净利润指标计算的补偿股份数量和根据经营性净现金流指标计算的补偿股份数量较高者。

根据净利润指标计算的补偿股份数量=（26 000 万−2014 年、2015 年、2016 年、2017 年累计净利润）/20 000 万×新宙邦为本次交易支付给交易对方的股份数−2014 年交易对方已经补偿的股份数−2015 年交易对方已经补偿的股份数−2016 年交易对方已经补偿的股份数。

根据经营性净现金流指标计算的补偿股份数量=（12 000 万−2015 年、2016 年、2017 年经审计累计实现的经营性净现金流）/12 000 万×新宙邦为本次交易支付给交易对方的股份数−2015 年交易对方已经补偿的股份数−2016 年交易对方已经补偿的股份数。

2．业绩奖励

若海斯福在利润补偿期满后，利润补偿期间四年累计实际完成的扣除非经常性损益后归属于母公司的净利润超过 26 000 万元，则新宙邦将对利润补偿期间在海斯福任职的管理层人员和员工进行现金奖励，奖励金额相当于前述累计超额利润部分的 30%。

业绩补偿条款中的承诺目标设定，并购方不可仅仅站在自己的战略角度一味求高，需要结合标的企业的自身经营状况及并购整合效果来决定。

8.5　并购操作流程

完整的股权并购过程包括三大阶段，即并购准备阶段、并购实施阶段和并购整合阶段，每个阶段又包括诸多事项（见图 8-9）。

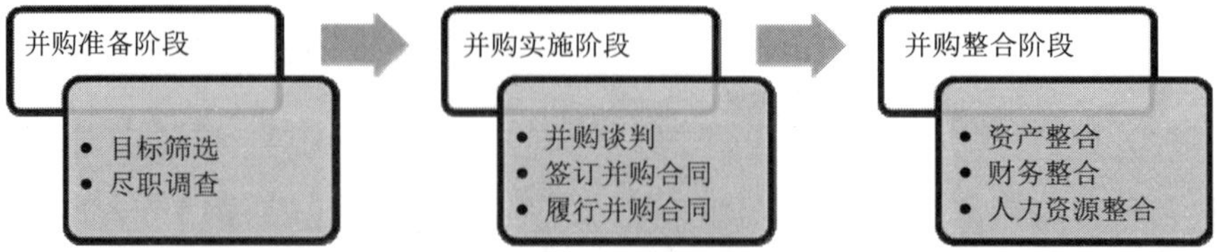

图 8-9 并购操作流程

在并购准备阶段，完成对并购目标的筛选，并对其进行尽职调查，包括法律、财务、业务方面，如目标公司的主体资格及获得的批准和授权情况；目标公司的产权结构和内部组织结构；目标公司的重要法律文件、重大合同；目标公司的资产状况；目标公司的人力资源状况；目标公司的法律纠纷及潜在债务等。具体方法与流程参见本书相关章节内容。

并购实施阶段由并购谈判、签订并购合同和履行并购合同三个环节组成。其中，并购谈判的焦点问题是并购的价格和并购条件，包括并购的总价格、支付方式、支付期限、交易保护、损害赔偿、并购后的人事安排、税负等。双方通过谈判就主要方面取得一致意见后，接下来会签订一份《并购意向书》，包括并购方式、并购价格、是否需要卖方股东会批准、卖方希望买方采用的支付方式、是否需要政府的行政许可、并购履行的主要条件等。履行并购合同指并购合同双方依照合同约定完成各自义务的行为，包括合同生效、股权交割、尾款支付等。

并购整合阶段主要包括资产整合、财务整合、人力资源整合等方面事务。

8.6 案例：滴滴并购 Uber，重绘全球科技业版图

2016 年 8 月 1 日，滴滴出行（见图 8-10）宣布与 Uber 全球达成战略协议，滴滴出行将收购 Uber 中国（见图 8-11）的品牌、业务、数据等全部资产在中国大陆运营。交易完成后，Uber 持有滴滴 5.89%的股权，相当于 17.7%的经济权益，双方互为对方的少数股权股东。

图 8-10　滴滴出行官网

图 8-11　Uber 中国官网

经此一役，滴滴出行真正成为国内移动出行市场中的“巨无霸”，估值高达 350 亿美元；同时，Uber 在中国市场也扫清了重大障碍，腾出更多精力在全球排兵布阵，努力奔向 IPO。但这笔交易的意义远不止于此，它不仅重绘了全球分享出行行业的版图，也改变了全球科技业的竞争局面。

让我们来细细品读滴滴出行并购 Uber 中国背后的逻辑（见图 8-12）。

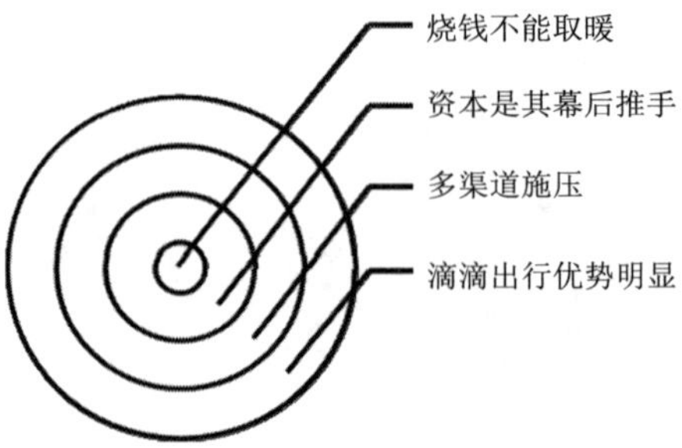

图 8-12　滴滴出行并购 Uber 中国背后的逻辑

1. 烧钱不能取暖

在滴滴出行收购 Uber 中国之前，滴滴出行（见表 8-1）和 Uber 中国都已经进行了多轮融资。

表 8-1　滴滴出行融资表

滴滴出行融资历程			
时　间	投 资 方	投资金额	轮　次
2012 年 7 月	天使投资人王刚	数百万元人民币	天使轮
2012 年 12 月	金沙江创投	300 万美元	A 轮
2013 年 4 月	腾讯	1 500 万美元	B 轮
2014 年 1 月	中信产业基金领投，腾讯跟投	1 亿美元	C 轮
2014 年 12 月	淡马锡、DST、腾讯	7 亿美元	D 轮
2015 年 5 月	新浪微创投	1.42 亿美元	E 轮
2015 年 9 月	中投公司、中国平安、阿里巴巴、腾讯、淡马锡、CoatueManagement	30 亿美元	F 轮
2016 年 5 月	苹果公司	10 亿美元	战略投资
2016 年 6 月	中国人寿、苹果、蚂蚁金服、腾讯、招商银行、软银中国	45 亿美元	战略投资
2016 年 6 月	招商银行、中国人寿	28 亿美元	银团贷款

根据公开信息，Uber 中国在天使轮、A 轮、B 轮、C 轮、D 轮、E 轮的融资金额分别是 130 万美元、1 100 万美元、3 700 万美元、3.6 亿美元、12 亿美元、28 亿美元，紧随滴滴出行。

双方在移动出行市场的厮杀异常激烈，补贴，融资，再补贴，这场烧钱大战似乎愈演愈烈。但烧钱的背后，双方都意识到补贴不能持续下去，烧钱并不能取暖，只有更熟练自如地将资本武器与互联网技术结合，才能在市场、资源、技术、销售渠道等方面获取优势。而并购整合有利于扫清市场障碍，降低运营成本，在新的规模效应中占据市场高地，将成为这个时代企业发展的必然途径。

2．资本是其幕后推手

持续的烧钱补贴战争需要海量的资金支持，但投资人的耐心是有限的。促成双方合并，由竞争状态转为合作状态，由现金补贴向服务补贴转变，以提高用户体验，加快企业盈利步伐，是投资人的共同意愿。同时，滴滴出行与 Uber 中国共同拥有贝莱德、高瓴资本、老虎基金、中国人寿 4 家投资方，各方都尽其所能，积极促成二者合并，尽快结束这场成本高昂的争夺战。

3．多渠道施压

在高频率融资、大面积烧钱的同时，滴滴出行也意识到想要打垮对手，必须从其他渠道入手。2015 年 9 月，作为反 Uber 联盟的一员，滴滴出行给 Uber 在美国市场的强有力的竞争对手 Lyft 投资了 1 亿美元；与此同时，滴滴出行还与 Uber 在其他地区的竞争对手合作，如印度的 Ola、东南亚的 Grap，给 Uber 造成一种“兵临城下”的感觉，分散其在中国市场的注意力。最终，事态演变就像 Uber 总裁特拉维斯·卡兰尼克（Travis Kalanick）在博客上写的：“作为一个企业家，我学到成功就是在遵从你的内心的同时，也要听从你的大脑。”虽然 Uber 声称颠覆了世界各地的出租车及运输公司，但在中国，为了争夺市场份额，其每年亏损达 10 亿美元。迫于竞争压力，和滴滴出行合并可能是其最佳选择。

4．滴滴出行优势明显

与 Uber 中国相比，滴滴出行的优势非常明显。一是政策优势，2015 年滴滴出行就拿到了上海市政府颁发的第一个网约车运营资质。二是市场份额，官方公布的数据显示，滴滴出行占据着中国市场上 80%以上的专车市场，若继续与滴滴出行烧钱打价格战，对 Uber 中国而言，并无多少胜算。

第 9 章

股权上市：企业走上健康发展的高速路

对企业而言，上市的好处不言而喻。比如，获得新的融资渠道；完善公司法人治理结构和厘清公司自身发展战略，务实企业发展的基础；提升企业的品牌价值和市场影响力，提升公司在客户、供货商和银行心目中的地位；增加对员工的吸引力；增强公司的竞争力；获得资本性增长收益等，而股权运作则是企业实现上市的一条捷径。

9.1　股权上市的主要形式

通过股权运作实现上市的方式主要为借壳上市。所谓借壳上市，就是一家实力雄厚的非上市公司，通过收购、资产置换等方式获得一家上市公司的控制权后，将母公司资产注入该上市的子公司中，来实现母公司的上市。

例如，圆通速递就通过借壳的方式实现了上市（见图 9-1）。2016 年 1 月，大杨创世宣布与意向重组方圆通速递有限公司（以下简称“圆通速递”）股东就重大资产重组的相关事宜初步达成一致，各方拟共同推进大杨创世现有业务、资产、负债、人员等全部置出，并以发行股份购买资产的方式收购圆通速递全部股权，同时募集配套资金（以下简称“本次重组”）。待本次重组完成后，大杨创世的控制权将发生变更，圆通速递实际控制人将成为公司新的实际控制人，大杨创世将正式更名为圆通速递。2016 年 9 月 11 日，证监会对大杨创世重大资产重组予以核准，圆通速递也顺利摘得 A 股快递第一股桂冠。

图 9-1　圆通速递官网

为了防止利益输送，扰乱市场秩序，法律对借壳上市的标准和条件做出了明确规定。

1. 借壳上市的标准和条件

按照2016年9月9日最新发布的《上市公司重大资产重组管理办法》（以下简称《重组办法》）修订版的规定，借壳上市的认定标准如下：

（1）购买的资产总额占上市公司控制权发生变更的前一个会计年度经审计的合并财务报告期末资产总额的比例达到100%以上。

（2）购买的资产在最近一个会计年度所产生的营业收入占控制权发生变更的前一个会计年度经审计的合并财务会计报告营业收入的比例达到100%以上。

（3）购买的资产在最近一个会计年度所产生的净利润占控制权发生变更的前一个会计年度经审计的合并财务会计报告的净利润的比例达到100%以上。

（4）购买的资产净额占控制权发生变更的前一个会计年度经审计的合并财务会计报告资产净额的比例达到100%以上。

（5）为购买资产发行的股份占上市公司首次向收购人及其关联人购买资产的董事会决议前一个交易日的股份的比例达到100%以上。

（6）上市公司向收购人及其关联人购买资产虽未达到本款（1）至（5）项标准，但可能导致上市公司主营业务发生根本变化。

由此可见，构成借壳上市必须满足两个条件：

（1）上市公司的控制权发生变化。

（2）资产总额、资产净额、营业收入、净利润、股份五个指标中，任一指标达到100%。

除符合《重组办法》第十一条（重大资产重组的原则和标准）和第四十

三条（上市公司发行股份购买资产应当符合的规定）的要求外，上市公司购买的资产对应的经营实体持续经营时间应当在 3 年以上，最近两个会计年度净利润均为正数且累计超过人民币 2 000 万元。上市公司购买的资产属于金融、创业投资等特定行业的，由中国证监会另行规定。

借壳上市完成后，上市公司应当符合中国证监会关于上市公司治理与规范运作的相关规定，在业务、资产、财务、人员、机构等方面独立于控股股东、实际控制人及其控制的其他企业，与控股股东、实际控制人及其控制的其他企业间不存在同业竞争或者显失公平的关联交易。

根据中国证监会《关于在借壳上市审核中严格执行首次公开发行股票上市标准的通知》，在借壳上市过程中，上市公司购买的资产对应的经营实体应当符合《首次公开发行股票并上市管理办法》。因此，借壳主体需满足如下条件：

（1）最近 3 个会计年度净利润均为正数且累计超过人民币 3 000 万元，净利润以扣除非经常性损益前后较低者为计算依据。

（2）最近 3 个会计年度经营活动产生的现金流量净额累计超过人民币 5 000 万元，或者最近 3 个会计年度营业收入累计超过人民币 3 亿元。

（3）发行前股本总额不少于人民币 3 000 万元。

（4）最近一期末无形资产（扣除土地使用权、水面养殖权和采矿权等后）占净资产的比例不高于 20%。

（5）最近一期末不存在未弥补亏损。

另外，法律规定不得在创业板借壳上市。

2. 借壳重组标准与 IPO 趋同的原则

根据证监会《<关于修改上市公司重大资产重组与配套融资相关规定的决定>的问题与解答》，借壳重组标准与 IPO 趋同，是指证监会按照《重组办法》审核借壳重组，同时参照《首次公开发行股票并上市管理办法》的相关规定。

在审核借壳上市方案中，证监会将参照《首次公开发行股票并上市管理办法》，重点关注本次重组完成后上市公司是否具有持续经营能力，是否符合证监会有关治理与规范运作的相关规定，在业务、资产、财务、人员、机构等方面是否独立于控股股东、实际控制人及其控制的其他企业，与控股股东、实际控制人及其控制的其他企业间是否存在同业竞争或者显失公平的关联交易。

3. 借壳上市相关数据计算的原则

（1）执行累计首次原则，即按照上市公司控制权发生变更之日起，上市公司在重大资产重组中累计向收购人购买的资产总额（含上市公司控制权变更的同时，上市公司向收购人购买资产的交易行为），占控制权发生变更的前一个会计年度经审计的合并财务会计报告期末资产总额的比例累计首次达到100%以上的原则。

（2）执行预期合并原则，即收购人申报重大资产重组方案时，如存在同业竞争和非正常关联交易，则对于收购人解决同业竞争和关联交易问题所制定的承诺方案，涉及未来向上市公司注入资产的，也将合并计算。

4. 借壳上市标的资产净利润的标准

按照借壳重组标准与 IPO 趋同原则，上市公司购买的资产“最近两个会计年度净利润均为正数且累计超过人民币 2 000 万元”中的“净利润”指标以扣除非经常性损益前后孰低为原则确定。

5. 借壳上市标的资产持续经营的标准

“上市公司购买的资产对应的经营实体持续经营时间应当在 3 年以上”中“经营实体”是指上市公司购买的资产。经营实体应当是依法设立且合法存续的有限责任公司或股份有限公司，持续经营时间应当在 3 年以上。如果涉及多个经营实体，则须在同一控制下持续经营 3 年以上。遵循《<首次公开发行股票并上市管理办法>第十二条“实际控制人没有发生变更”的理解和适用——证券期货法律适用意见第 1 号》和《<首次公开发行股票并上市管理办法>

第十二条“发行人最近 3 年内主营业务没有发生重大变化”的适用意见——证券期货法律适用意见第 3 号》的相关规定，在借壳上市中，上市公司拟购买的资产应当已在上市公司收购人控制下连续 3 年持续经营，且在此期间主营业务未发生重大变化。

6．锁定期

上市公司原控股股东与新进入控股股东的股份承诺锁定 36 个月，其他新进入股东的锁定期从目前 12 个月延长到 24 个月；上市公司或其控股股东、实际控制人近三年内存在违法违规或一年内被交易所公开谴责的，不得“卖壳”。

9.2　股权上市中的难点释义

根据《重组办法》的规定，借壳上市注入资产总额的计算起始点是自控制权发生变更之日。又根据《证券期货法律适用意见第 12 号》、《上市公司重大资产重组信息披露工作备忘录第七号借壳上市的标准和条件》等规定，在上市公司重大资产重组过程中，所注入资产的比例是否构成借壳上市，其计算标准执行累计首次原则，即“按照上市公司控制权发生变更之日起，上市公司在重大资产重组中累计向收购人购买的资产总额（含上市公司控制权变更的同时，上市公司向收购人购买资产的交易行为），占控制权发生变更的前一个会计年度经审计的合并财务会计报告期末资产总额的比例累计首次达到 100%以上的原则”。

举个简单的例子，如果上市公司的控制权在 2009 年发生变更，但上市公司在 2011 年向控股股东购买资产，则应以 2011 年购买资产总额占上市公司 2008 年经审计总资产的比例来审核是否构成借壳上市的标准。如果达到 100%以上，则会被认定为构成借壳上市，需要按照等同 IPO 的标准来审核。

例如，在北海港案例中，北海港的控股股东于 2009 年 10 月 19 日变更为北部湾港务集团（000582），即北海港控制权变更时间为 2009 年。北海港 2008 年经审计的总资产为 63 680.68 万元。2013 年，北海港向北部湾港务集团及其全资子公司防城港务集团发行股份购买资产（见图 9-2），具体包括：防城港务集团发行股份购买其持有的防城港 100%的股权和北拖 57.57%的股权；北部湾港务集团发行股份购买其持有的钦州港 100%的股权。以 2012 年 1 月 31 日经审计的财务报告为准，北海港向交易对方购买的这些资产总额合计为 664 810.11 万元，占上市公司控制权发生变更的前一个会计年度（2008 年度）经审计的合并财务会计报告期末资产总额的比例超过 100%，所以本次交易构成借壳上市，审核标准趋同 IPO。

图 9-2　北部湾港官网

9.3　股权上市的流程

股权上市一般经过下面几个步骤（见图 9-3）。

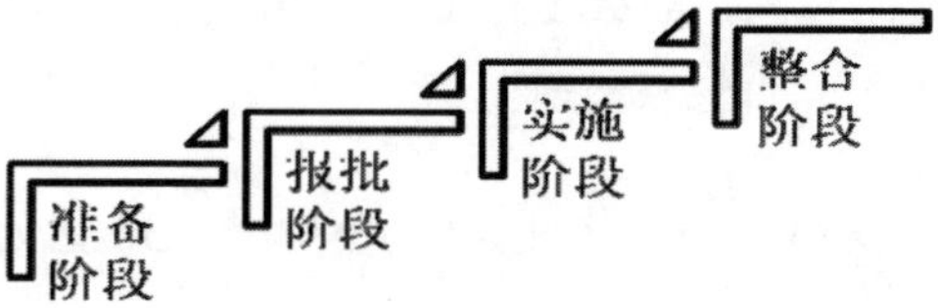

图 9-3　股权上市的流程

1. 准备阶段

准备阶段的主要工作为选择壳公司，聘请资产评估、财务顾问、法律顾问等中介机构，就壳公司股权收购、资产置换方案洽谈并达成意向书，起草《股份转让协议》、《资产置换协议》等相关文件。其中，选择壳公司并获得控制权又为重中之重。

从理论上来说，所有的上市公司都可以是壳公司，但在实践中，壳公司的选择还要考虑下面几个因素（见图 9-4）。

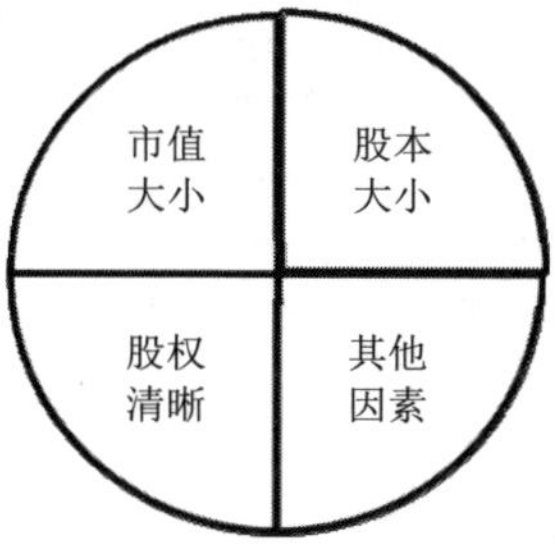

图 9-4　选择壳公司要考虑的因素

1）市值大小

市值大小是评价壳公司好坏的首选标准。对于借壳方而言，最大的成本在于壳公司的购买成本和借壳后权益被原有上市公司稀释、摊薄的成本。

与 IPO 的对价摊薄不同，借壳重组的股权摊薄是无偿的，即为了实现上市对原上市公司股东的利益让渡，股权让渡比例取决于自身估值大小和上市公司市值。通常而言，如果借壳方资产体量即交易评估值客观公正，则市场借壳的评估基本都在 8～12 倍 PE。壳公司市值越小，购买壳公司的成本越低，重组后借壳方股东占比越高，后续上市后分享市值财富越多，股本融资空间也就越大。

例如，某借壳企业利润为 3 亿元，借壳估值为 30 亿元。若壳公司市值为 20 亿元，采用增发方式借壳操作后，借壳企业全体股东占比为 60%。若壳公司市值为 30 亿元，则重组完成后股比降为 50%。若借壳资产后续资本市场能支撑 30 倍估值，则重组后上市公司的总市值为 90 亿元，借壳后股比大小直接决定了借壳方重组后的市值财富是 54 亿元还是 45 亿元。

2）股本大小

在壳公司市值确定的前提下，股本越小、股价越高越好。小股本意味着重组后每股收益高，也容易得到股东及监管机构的认可。比如，同为 20 亿元的公司，2 亿股本 10 元股价要好于 10 亿股本 2 元股价。

3）股权清晰

壳公司股权清晰，控股股东和受控股股东、实际控制人支配的股东持有的发行人股份不存在重大权属纠纷，不存在“代持”股东，这样便于通过监管机构的审核，顺利实现资产剥离或注入，以及借壳方对控股权的变更。

4）其他因素

其他因素还包括壳公司的资产负债率水平、注册地址能否迁移、壳公司股东意愿等。一般而言，资产负债率越低越好，可以减少借壳方未来的偿债成本。

壳公司控制权的取得通常有以下三种方式（见图 9-5）。

图 9-5　取得壳公司控制权的三种方式

（1）股份转让方式：收购方与壳公司原股东协议转让股份，或者在二级市场收购股份，取得控制权。

（2）增发新股方式：壳公司向借壳方定向增发新股，并达到一定比例，使收购方取得控制权。

（3）间接收购方式：收购方通过收购壳公司的母公司，取得对上市公司的实际控制权。

下面用表格来展示这三种方式的具体内容（见表 9-1）。

表 9-1　取得控制权的三种方式

股权来源	股份转让	增发新股	间接收购
收购主体	拟上市企业及其股东	拟上市企业及其股东	拟上市企业及其股东
支付方式	现金	现金、拟上市企业资产、股权	现金
锁定期	36 个月	36 个月	维持原锁定期不变
收购价格	未作特别规定	不低于基准日前 20 个交易日股票均价的 90%	未作特别规定
优势	锁定期短，收购过程涉及的审批手续相对简单，可通过协议方式进行	收购过程对现金的需求较少；控制权转移和资产重组可一步完成，直接实现借壳上市，获得后续融资能力	锁定期可能很短，甚至没有；收购过程涉及的审批手续较为简单，可通过协议收购方式进行
劣势	需要大量现金，要实现借壳上市尚需进行后续的资产重组，存在不确定性	锁定期较长，收购过程设计的审批较为复杂，且容易触发要约收购；有明确设定的收购价格下限	需要大量现金，要实现借壳上市尚需进行后续的资产重组，存在不确定性

在实践中，最常用的方式是增发新股。通过参与壳企业增发新股的方式，注入资金，逐步获取公司的控股权，绕开重大资产重组的复杂流程。待获得控股权后，再定增购入标的资产，与股权收购后续流程相似。

例如，英雄互娱（见图 9-6）就以定向增发新股增资的方式，取代了新三板挂牌企业塞尔瑟斯。据塞尔瑟斯此前公告显示，天津迪诺投资公司以现金方式先后多次参与塞尔瑟斯的定向增发，合计股份 48 095 831 万股，并成为塞尔瑟斯第一大股东及实际控制人。而迪诺投资的实际控制人正是英雄互娱的创始人。

图 9-6　英雄互娱官网

2．报批阶段

在报批阶段，壳公司按照证监会的要求报送《重大资产置换报告书（草案）》及摘要、《豁免要约收购申请报告》等文件，向交易所申请停牌至发审委出具审核意见，并对证监会提出的反馈意见及时做出解释。

3．实施阶段

经证监会批准后，交易双方对涉及的资产进行重组，办理股权过户，直到刊登完成资产置换、股权过户公告。

这个阶段的资产重组，包括壳公司原有资产负债的置出和借壳企业资产负债的置入，又各分为两种类型（见图 9-7）。

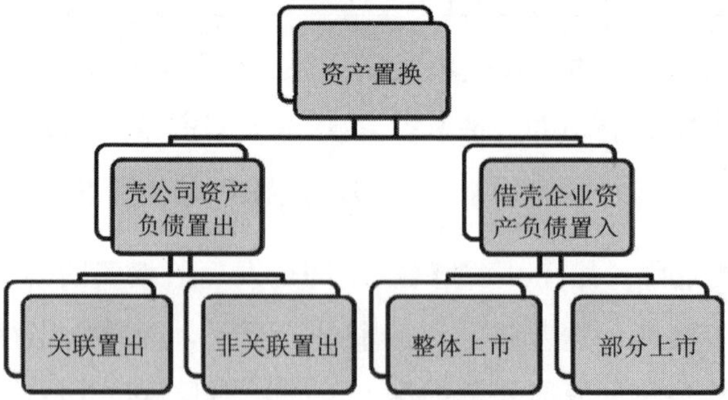

图 9-7　资产置换的分类

根据资产接收方与壳公司的关系分为关联置出和非关联置出。关联置出是指向借壳企业大股东或实际控制人进行转让，或者由借壳企业的大股东接收；非关联置出是指向与借壳企业不存在直接控制关系的第三方转让，往往需要支付一定的补偿。

根据借壳企业资产上市的比例分为整体上市和部分上市。整体上市是指借壳企业的全部资产、负债及业务、人员均被置入壳公司；部分上市是指借壳企业选择部分资产、负债、业务、人员置入壳公司。

4．整合阶段

收购后的整合阶段，主要工作有：召开壳公司董事会、监事会、股东大会，改组董事会、监事会、高管人员；按照《关于拟发行上市企业改制情况调查的通知》，向壳公司所在地证监局报送规范运作情况报告；聘请具有主承销商资格的证券公司进行辅导，并通过壳公司所在地证监局检查验收；申请发行新股或证券。

9.4 案例：顺丰借壳上市解析

2017 年 2 月 23 日上市的顺丰，顺利实现了 5 个涨停，王卫财富也超越马化腾成为国内前三。

但一年前的 2016 年 2 月 18 日，顺丰速运（见图 9-8）才发布《上市辅导公告》，称顺丰控股（集团）股份有限公司拟在国内证券市场首次公开发行股票并上市，目前正在接受中信证券股份有限公司、招商证券股份有限公司、华泰联合证券有限责任公司的辅导。由此，国内第一大速递公司开启了上市之路。

2016 年 5 月 23 日，A 股上市公司鼎泰新材（002352）发布公告，宣布将其全部资产和负债（初步作价约 8 亿元）与明德控股、嘉强顺风、招广投资、元禾顺风、古玉秋创、顺信丰合和顺达丰润持有的顺丰控股 100%股权（初步作价约 433 亿元）进行置换，差额部分由公司以 10.76 元/股发行的约 39.50 亿股股份支付；交易完成后公司控股股东将变更为顺丰总裁王卫控制的明德控股，实际控制人将变更为王卫（见表 9-2）。这一公告意味着顺丰控股将借壳登陆 A 股。

图 9-8　顺丰速运官网

表 9-2　鼎泰新材重大资产重组前后的股权变化

股东名称	本次交易之前		本次发行股份数量	本次交易之后	
	持股数量	持股比例		持股数量	持股比例
刘冀鲁	10 016.43	42.9%		10 016.43	2.045%
中科汇通（深圳）股权投资基金有限公司	2 552.96	10.93%		2 552.96	0.525%
刘凌云	1 439.47	6.16%		1 439.47	0.29%
重组钱鼎泰新材其他股东	9 340.37	40%		9 340.37	1.9%
明德控股			270 167.29	270 167.29	55.04%
顺达丰润			39 221.65	39 221.65	7.99%
嘉强顺风			26 661.25	26 661.25	5.43%
招广投资			26 661.25	26 661.25	5.43%
元禾顺风			26 661.25	26 661.25	5.43%
古玉秋创			5 332.25	5 332.25	1.09%
顺信丰合			276.49	276.49	0.06%
其他不超过 10 名配套融资特定投资者			72 529.47	72 529.47	14.78%
合计	23 349.23	100%	467 510.88	490 860.11	100%

2016 年 10 月 11 日，顺丰借壳鼎泰新材的方案获得了中国证监会并购重组委的有条件通过，这将是继圆通之后，又一只快递股将登陆 A 股市场。

顺丰一直是快递界的传奇，在鼎泰新材发布的关于顺丰借壳上市的公告中，第一次对顺丰的财务数据进行了较为全面的披露：顺丰的主营业务包括快递业务、仓储配送业务、冷运业务、重货运输业务、金融业务、增值服务等，采用直营经营模式（见图 9-9）。

截至 2015 年 12 月 31 日，顺丰控股业务覆盖全国 320 余个地级市，拥有自营货运飞机 30 架，运输车辆 1.5 万台，员工约 12 万人；2015 年旗下的顺丰标快、顺丰即日、顺丰次晨、顺丰特惠四大国内快递产品共完成近 17 亿票快件，营收为 473 亿元，净利润为 19.6 亿元，毛利率为 20.4%。根据《盈利预测补偿协议》，顺丰控股承诺在 2016 年度、2017 年度和 2018 年度预测实现的合并报表范围扣除非经常性损益后归属于母公司所有者的净利润分别不低于 21.8 亿元、28 亿元和 34.8 亿元。

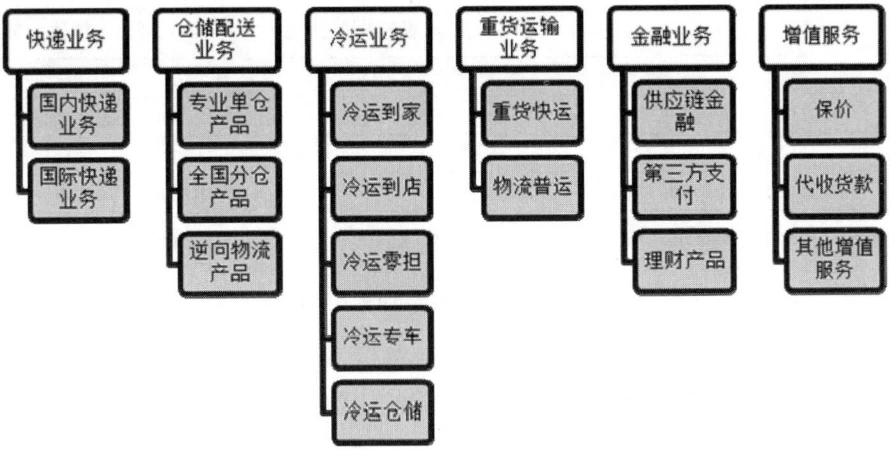

图 9-9　顺丰的主营业务

此次筹划上市，意在拓宽融资渠道，加大基础设施投入，降低运营成本，拓展新的市场领域，进一步提高中转场的网络覆盖率与中转效率。

我们从以下几个方面来评析顺丰此次借壳上市（见图 9-10）。

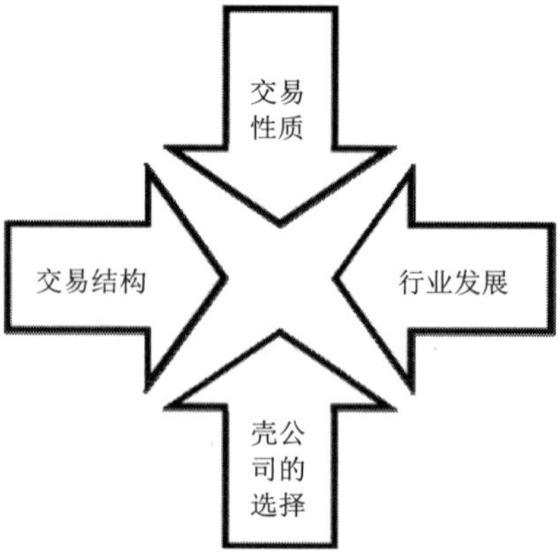

图 9-10　顺丰借壳上市

1. 交易性质

本次交易拟购买资产未经审计的最近一年年末资产总额、资产净额及最近一年的营业收入占上市公司最近一个会计年度经审计的合并财务报告相关指标的比例如下（见表 9-3）。

表 9-3　交易双方相关指标　　单位：万元

项　目	鼎泰新材	顺丰控股	交易金额	计算依据	指标占比
资产总额	88 541.15	3 471 657.3	4 330 000	4 330 000	4 890.38%
资产净额	70 800.22	1 369 573.6	4 330 000	4 330 000	6 115.80%
营业收入	66 846.55	4 810 115.5		4 810 115.5	7 195.76%

由此可见，根据《重组管理办法》的规定，本次交易构成重大资产重组。

本次交易完成后，鼎泰新材的实际控制人变更为王卫先生。在本次交易中，拟购买资产的资产总额与交易金额孰高值为 4 330 000.00 万元，占上市公司 2015 年年末资产总额 88 541.15 万元的比例为 4 890.38%，超过 100%；按照《重组管理办法》第十三条的规定，本次交易构成借壳上市，需提交中国证监会上市公司并购重组审核委员会审核并经中国证监会核准后方可实施。

本次交易完成后，王卫先生将成为上市公司的实际控制人，明德控股将成为上市公司的控股股东。根据《重组管理办法》和《上市规则》，本次交易系本公司与潜在控股股东之间的交易，构成关联交易，关联方在相关决策程序时需回避表决。

2．交易结构

本次交易结构图如下（见图 9-11）：第一步，鼎泰新材以截至拟置出资产评估基准日全部资产及负债作价 8 亿元与顺丰控股全体股东持有的顺丰控股 100%股权的等值部分进行置换；第二步，鼎泰新材通过发行股份的方式支付购买资产与置出资产的差额部分；第三步，以不低于 11.03 元/股非公开发行股份募集配套资金不超过 80 亿元。

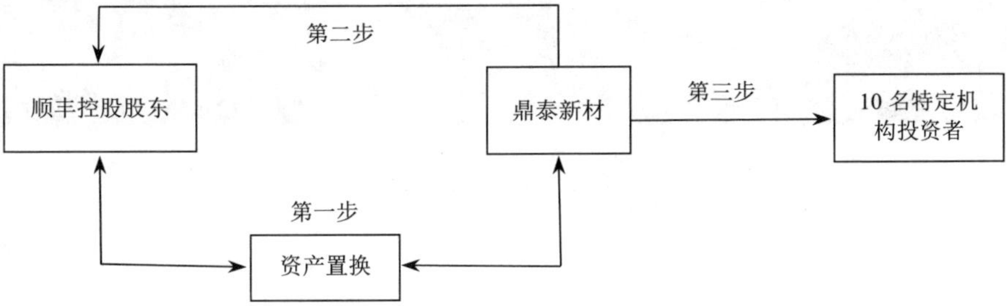

图 9-11　本次交易结构图

3．壳公司的选择

鼎泰新材（见图 9-12）2016 年 4 月停牌时股价为 27.7 元，总股本为 1.17 亿股，总市值为 32.24 亿元。市值小、股本少、收购成本低，有利于顺丰上市后的后续融资。

鼎泰新材主营业务为生产、销售稀土合金镀层钢丝、钢绞线和 PC 钢绞线等金属制品，较为单一，资产价值不高。2015 年年底公司资产总计 8.87 亿元，股东权益合计 7.08 亿元，2015 年净利润只有 2 513 万元。顺丰资产极为优质，经营业绩也很出色，在这次交易中有极强的议价能力。

鼎泰新材自上市以来，上市公司控制权没有发生变化，控股股东、实际控制人均为刘冀鲁；上市公司最近三年也不存在重大资产重组情形；上市公司及高管人员诚信良好，不存在违法违规被证监会立案调查或者行政处罚的情形。

综合上述几点，鼎泰新材是一个干净的“好壳”。

图 9-12　鼎泰新材官网

4. 行业发展

近两年，快递行业发展迅速，无论是业务量（见图 9-13），还是新入局的商家数量，都直线上涨，特别是马云的菜鸟网络和刘强东的京东物流的出现，使快递行业成为一片红海。菜鸟网络由阿里巴巴集团联合“三通一达”（申通、圆通、中通、韵达）共同组建，致力于打造 “中国智能骨干网”；京东物流是京东自建的一个业务板块，依托京东实力不断扩展地盘，截至 2014 年 12 月 31 日，已在全国 7 大物流中心建有 7 大中心库，在另外的 40 座城市运营 123 个大型仓库，拥有 3 210 个配送站和自提点，覆盖全国 1 862 个区县，且全部自营。目前，物流已经成为京东一个庞大的业务板块，在一些订单密集的核心城区，已经实现盈亏平衡，甚至是赚钱。

菜鸟网络和京东物流的强势崛起，蚕食了顺丰很多电商订单，对顺丰构成巨大威胁。

而在利润更高的国际快递市场，四大国际快递巨头（DHL、UPS、FedEx、TNT）目前占据了国内市场 75%的份额。对顺丰而言，必须凭借本土的高口碑和海淘去占据中国往国外去的快件市场，才能保持高增长。

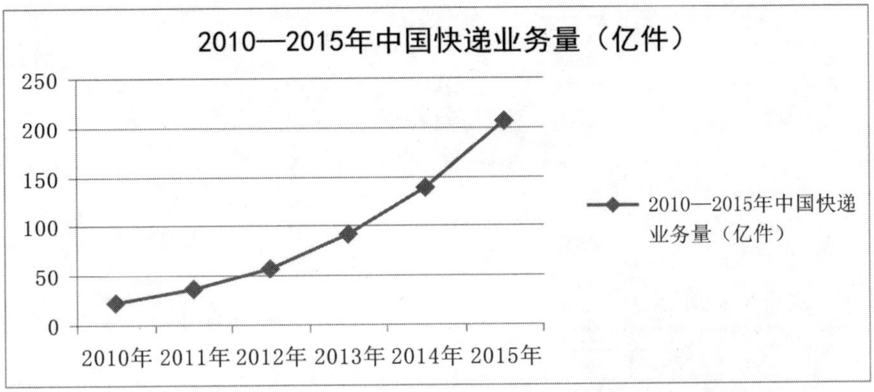

图 9-13　2010—2015 年中国快递业务量

2015 年 7 月，顺丰宣布建立 20 个全球仓库，覆盖 4 个主要目标市场，包括北美、欧洲、俄罗斯和澳大利亚，并且表示要为海淘平台提供仓储和物流服务，让电商平台只做产品的推广和展示，这些都需要巨额资金支持。

到了 2015 年下半年，中国快递业进入密集上市潮。2015 年 12 月，艾迪西（002468）发布公告，申通快递将向其借壳上市；2016 年 1 月，大杨创世（600233）发布公告称，将与圆通速递有限公司进行资产重组；2016 年 7 月，新海股份发布公告，表示韵达货运拟作价 180 亿元借壳上市；2016 年 10 月，中通赴美上市。

在竞争日趋激烈的快递行业，要想突围就离不开资金，而上市是为后续发展“囤积粮草”的最佳渠道。

附录 A

股权上市的审核要点

上市需要规范的问题较多，审核严格，周期长，往往很多企业在中途就折戟沉沙，如果能把握监管机构的审核要点，则无疑会事半功倍。

1. 交易价值公允性

普遍关注点	上市公司是否提供标的资产的评估报告和评估技术说明，重点关注“特别事项说明部分”
	评估报告与盈利预测报告、公司管理层讨论与分析之间是否存在重大矛盾，如对未来销售单价、销售数量、费用种类、费用金额等的测算是否存在重大差异
	评估基准日的选择是否合理，基准日后至审核期间是否发生了重大变化，导致评估结果与资产当前公允价值已存在重大偏差。在此情况下，评估机构是否已视情况重新出具评估报告
	标的资产在拟注入上市公司之前三年内是否进行过评估，两次评估值之间是否存在较大差异；如存在，是否已详细说明评估差异的合理性关联交易问题
评估方法与参数	评估方法选择是否得当。 是否采用两种以上评估方法。 评估参数选择是否得当。 不同评估方法下评估参数取值等是否存在重大矛盾
收益现值法	评估的假设前提是否具有可靠性和合理性。 对未来收益的预测是否有充分、合理的依据，包括但不限于是否对细分行业、细分市场的历史、现状及未来进行严谨分析，所作预测是否符合产品生命周期曲线、是否符合超额收益率等通常规律（例如，特定公司或产品在较长周期后难以再获取超额收益）；未来收入是否包含非经常性项目；未来收入增长是否与费用增长相匹配等。 折现率的计算是否在无风险安全利率（通常取无风险长期国债利率）的基础上考虑了行业风险（以方差或其他形式求出）及公司个别风险并进行调整
成本法	重置成本的确定是否有充分、合理的依据，取值是否符合有关部门最新颁布的标准。 成新率的计算是否符合实际，而不是主要依赖使用年限法，是否对建筑物、设备进行必要的实地测量、物理测验；寿命期的测算是否通过对大量实际数据的统计分析得出
市场法	参照对象与评估标的是否具有较强的可比性，是否针对有关差异进行了全面、适当的调整。例如，是否充分考虑参照对象与评估标的在资产负债结构、流动性、股权比例等方面的差异。成新率的计算是否符合实际，而不是主要依赖使用年限法，是否对建筑物、设备进行必要的实地测量、物理测验；寿命期的测算是否通过对大量实际数据的统计分析得出
评估机构	资产评估机构是否具备证券期货从业资格。 以土地使用权为评估对象的，评估机构是否同时执行国土资源部制定的《城镇土地估价规程》，土地估价机构是否具备全国范围内执业资格。 上市公司聘请的资产评估机构与审计机构之间是否存在影响其独立性的因素。 上市公司与评估机构签订聘用合同后，是否更换了评估机构；如更换，是否说明具体原因及评估机构的陈述意见。 上市公司在涉及珠宝类相关资产的交易活动中，是否聘请专门的机构进行评估。从事上市公司珠宝类相关资产评估业务的机构是否具备相关条件。已取得证券期货相关业务资格的资产评估机构执行证券业务时如涉及珠宝类相关资产，是否引用了符合上述要求的珠宝类资产评估机构出具的评估报告中的结论

2. 盈利能力预测

审计报告	标的资产是否提供最近两年经审计的标的资产财务报告。 审计机构是否具备证券期货从业资格。 非标准审计报告：对于有保留意见的审计报告，关注保留事项所造成的影响是否已消除；对于带强调事项段的无保留意见的审计报告，关注强调事项可能给上市公司带来的影响
利润表	是否对标的资产最近两年收入的稳定性做出说明。 是否对标的资产最近两年盈利的稳定性做出说明；主营业务税金及所得税项目是否与收入或利润匹配。 标的资产最近两年净利润是否主要依赖非经常性损益；如存在非经常性损益的，是否对扣除非经常性损益后净利润的稳定性做出说明，该非经常性损益项目（如财政补贴）是否具备持续性和可实现性。 标的资产最近两年的毛利率与同行业相比是否存在异常；如存在异常，是否做出合理解释。 标的资产的产品销售是否严重依赖于重组方或其他关联方；产品销售严重依赖于关联方的，是否对该产品销售价格的合理性做出充分论证和说明
资产负债表	巨额应收或预付款项是否存在关联方占款情形。 标的资产是否存在固定资产折旧、坏账准备少提、资产减值少计等情形；如存在，是否对标的资产历史经营业绩造成的影响做出说明。 短期借款项目是否存在大额到期借款未偿还情形，是否导致上市公司面临财务风险
盈利预测报告	假设前提是否合理，是否难以实现。 预测利润是否包括非经常性损益。 对未来收入、成本费用的预测是否有充分、合理的分析和依据。 盈利预测报告中是否存在预测数据与历史经营记录差异较大的情形。 盈利预测数据与历史经营记录差异较大的，相关解释是否合理。 盈利预测报告中的预测盈利数据与评估报告中（收益法评估）的预测盈利数据及管理层讨论与分析中涉及的预测数据是否相符。 盈利预测报告、评估报告及管理层讨论与分析中对未来的各项假设如不相符，相关解释是否合理
其他关注事项	资产负债表与损益表相关项目及现金流量表之间的钩稽关系是否对应。 标的资产涉及的产品交易是否存在公开市场且能够实现正常销售。 标的资产涉及的产品或业务是否受到合同、协议或相关安排约束，如特许经营权、特种行业经营许可等，具有不确定性。 会计政策与会计估计是否与上市公司一致；标的资产是否存在重组前调整会计政策、变更会计估计或者更正前期差错的情形；如存在，相关调整、变更或者更正是否符合《企业会计准则》第 28 号的规定，且是否对标的资产历史经营业绩产生的影响做出说明。 该项资产或业务是否在同一管理层下运营两年以上；该项资产或业务注入上市公司后，上市公司是否能够对其进行有效管理。

续表

其他关注事项	标的资产在过去两年内是否曾进行剥离改制；如存在，是否对标的资产的业务剥离、资产与负债剥离以及收入与成本剥离的合理性做出论证和说明。 补偿措施是否合理可行：是否已根据《上市公司重大资产重组管理办法》的要求签订了切实可行的补偿协议，补偿方式是否符合要求（现金补偿方式或股份补偿方式）；股份补偿协议是否包含了资产减值测试的相关内容，包括减值测试的具体方式是否可行，以及补偿金额计算是否准确等

3．资产权属及完整性

资产权属及完整性	标的资产是否已取得相应权证。 标的资产权属是否存在争议或限制。 标的资产的完整性情况是否充分披露
标的资产是否取得相应权证	标的资产的权证办理情况是否已分类详细披露。 对于采矿权证、探矿权证、特许经营许可证、药品食品注册证、商标权证、专利权证等其他相应权属或资质证书的办理情况，比照土地使用权、房屋建筑物权证的关注要点把握
	对于土地使用权、房屋建筑物未取得相应权证的，关注以下事项：申请人是否补充披露尚未取得相应权证资产对应的面积、评估价值、分类比例，相应权证办理的进展情况，预计办毕期限，相关费用承担方式，以及对本次交易和上市公司的具体影响等。 在明确办理权证的计划安排和时间表的基础上，关注是否提供了相应层级土地、房屋管理部门出具的办理权证无障碍的证明。如办理权证存在法律障碍或存在不能如期办毕的风险，是否提出相应切实可行的解决措施（例如，由重组交易对方承诺，如到期未办毕，则以现金方式向上市公司补偿相应的评估价值，或者对上市公司进行赔偿，赔偿范围包括但不限于上市公司因该等事项承担任何民事、行政及刑事责任而引起的全部经济损失）。 本次交易标的资产评估及作价是否已充分考虑前述瑕疵情况，如未考虑，是否已提出切实可行的价值保障措施。 律师和独立财务顾问是否对前述问题进行核查并明确发表专业意见，包括但不限于该等情形是否对本次交易作价产生重大影响，是否对交易进展构成障碍，申请人提出的解决措施是否有效可行
标的资产是否存在争议或限制	标的资产（包括标的公司股权及标的公司持有的主要资产）权属存在抵押、质押等担保权利限制或相关权利人未放弃优先购买权等情形的，申请人是否逐项披露标的资产消除权利限制状态等或放弃优先购买权等办理进展情况及预计办毕期限，是否列明担保责任到期及解除的日期和具体方式。针对不能按期办妥的风险，是否已充分说明其影响，做出充分的风险提示，提出切实可行的解决措施。标的资产作为担保物对应的债务金额较大的，关注是否已充分分析说明相关债务人的偿债能力，证明其具有较强的偿债能力和良好的债务履行记录，不会因为担保事项导致上市公司重组后的资产权属存在重大不确定性。独立财务顾问和律师是否对此进行充分核查并发表明确的专业意见。 标的资产涉及被行政处罚的，应披露处罚的具体事由、处罚进展或结果，分析其对上市公司的影响。律师和独立财务顾问是否就该等处罚对本次交易的影响发表明确意见。涉及诉讼、仲裁、司法强制执行或其他争议的，比照办理

续表

其他关注事项	土地使用权问题。 标的资产涉及项目审批或特许经营的。 标的资产涉及税务事项的
	土地使用权问题：拟注入上市公司的标的资产是否涉及现行法规或政策限制或禁止交易的划拨用地或农业用地（标的公司为特殊农业公司的除外）。极特殊情况下涉及划拨用地注入上市公司的，关注申请人是否已结合《国务院关于促进节约集约用地的通知》（国发[2008]3 号）及其他划拨用地政策，明确说明拟采取划拨方式取得国有土地使用权的相关资产注入上市公司是否违反相关规定；如涉嫌违反，是否已采取必要措施进行纠正，并说明由此形成的相关费用的承担方式及对评估值的影响。 拟注入标的资产涉及农用地转用征收的，是否说明征用农地已取得了相关有权部门的批准，相关程序是否完备有效，相关补偿费用是否已经依法支付，是否存在重大争议及未决事项。同时，对于农业用地的后续审批申请，是否充分说明政策风险和其他重大不确定性因素，是否已采取切实可行的措施避免前述风险影响重组后上市公司的正常生产经营。 拟注入标的资产涉及土地授权经营的，是否已提供有权土地管理部门对授权经营土地的授权或批准文件，以及对本次交易相关的土地处置方案的批准文件；如尚未取得有关权利或批准文件，是否充分披露该等情况对本次交易及上市公司的影响。 拟注入标的资产涉及的土地可能涉及规划调整或变更的，关注是否已明确披露存在变更土地用途的规划或可能性，是否已明确由此产生的土地收益或相关费用的归属或承担方式
	标的资产涉及项目审批或特许经营的：拟注入上市公司的标的资产（项目公司本身）涉及立项、环保、用地、规划、施工建设、行业准入、外资管理、反垄断等有关报批事项的，是否已充分披露办理的许可证书或相关主管部门的批复文件。 标的资产业务涉及特许经营的，关注是否充分说明特许经营授权具有的排他性、不可撤销性等特殊属性，是否充分解释特许协议约定的相关计算公式、相关参数的变更方式及其具体影响等。特许经营事项需要相关主管部门确认或批准的，关注是否已提供相应的确认或批准意见。特许经营事项已有经营记录的，关注以往开展经营是否获得了相关主管部门批准的经营许可资质，是否已履行了必要的登记或备案等法律手续，是否按期足额缴纳各种资费等（提供相应证明文件）。独立财务顾问和律师是否核查上述问题并发表明确的专业意见
	标的资产涉及税收事项的：对拟注入上市公司的标的公司及标的资产，关注律师和独立财务顾问是否已充分核查其以往合理期间内的纳税合规情况并发表明确专业意见，是否已提供相关税务部门关于公司纳税合规情况的证明文件。 拟注入上市公司的资产存在盈利严重依赖税收返还、税收优惠情况的，关注是否充分说明相关税收返还或优惠的依据，以及税收政策的持续性和影响。

续表

	对于拟注入上市公司的土地使用权，关注是否说明已按国家现行标准足额缴纳土地出让税费。 拟注入资产为资源类企业股权的，关注是否充分说明资源税政策对标的资产未来盈利能力及评估作价的影响。 资产交易产生较大税负的，关注是否说明相关税负的具体金额、交易各方如何分担，以及对上市公司未来业绩的影响

4．同业竞争

竞争性业务的披露范围	是否已详细披露收购交易中的收购人（包括豁免要约收购申请人）、收购人的实际控制人及该实际控制人的下属企业（或重组交易中的交易对方、交易对方的实际控制人及该实际控制人的下属企业）。 是否已结合上述企业的财务报告及主营业务构成等相关数据，详细披露其与上市公司的经营和业务关系，并就是否存在现实或潜在的同业竞争（包括但不限于双方在可触及的市场区域内生产或销售同类或可替代的商品，或者提供同类或可替代的服务，或者争夺同类的商业机会、客户对象和其他生产经营核心资源）进行说明和确认。 独立财务顾问和律师是否对上述问题进行核查并发表清晰、明确的专业意见
报告书披露不存在现实同业竞争的	经披露或核查确认不存在现实同业竞争的，关注收购人或重组交易对方及其实际控制人是否进一步对避免潜在的同业竞争做出明确承诺，承诺交易完成后收购人、收购人的实际控制人及该实际控制人的下属企业（或重组交易对方、交易对方的实际控制人及该实际控制人的下属企业）与上市公司不存在同业竞争情形，并放弃将来可能与上市公司产生同业竞争及利益冲突的业务或活动。重点关注对不存在现实或潜在同业竞争（利益冲突）关系的解释说明是否充分、确切，普通投资者能否据此判断相关企业与上市公司在业务发展方面的划分定位，判断相关承诺是否限制上市公司的正常商业机会。 独立财务顾问和律师是否对上述问题进行核查并发表清晰、明确的专业意见
报告书披露存在同业竞争的	经披露或核查确认存在现实的同业竞争的，关注相关各方是否就解决现实的同业竞争及避免潜在同业竞争问题做出明确承诺和安排，包括但不限于解决同业竞争的具体措施、时限、进度与保障，是否对此进行了及时披露。重点关注解决同业竞争的时间进度安排是否妥当、采取特定措施的理由是否充分，具体措施是否详尽、具有操作性。 相关各方为消除现实或潜在同业竞争采取的措施是否切实可行，通常关注具体措施是否包括（但不限于）限期将竞争性资产/股权注入上市公司、限期将竞争性业务转让给非关联第三方、在彻底解决同业竞争之前将竞争性业务托管给上市公司等；对于该等承诺和措施，重点关注其后续执行是否仍存在重大不确定性，可能导致损害上市公司和公众股东的利益；重点关注上市公司和公众股东在后续执行过程中是否具有主动权、优先权和主导性的决策权。涉及竞争性业务委托经营或托管的，关注委托或托管的相关安排对上市公司财务状况的影响是否已充分分析和披露，有关对价安排对上市公司是否公允，如可能存在负面影响，申请人是否就消除负面影响做出了切实有效的安排。 独立财务顾问和律师是否本着勤勉尽职的原则进行核查，并对承诺安排是否切实可行发表明确的专业意见

5．关联交易

重大资产重组行为是否构成关联交易	上市公司首次董事会会议是否就本次重组是否构成关联交易做出明确判断，并作为董事会决议事项予以披露；存在关联关系的董事、股东是否依照法律法规和章程规定，在相关董事会、股东大会会议上回避表决。 重组交易对方是否已经与上市公司控股股东就受让上市公司股权或者向上市公司推荐董事达成协议或者默契，可能导致上市公司的实际控制权发生变化；该等股东是否回避表决。 独立财务顾问和律师事务所是否已审慎核查本次重组是否构成关联交易，并依据核查确认的相关事实发表明确意见。 中介机构经核查确认本次重组涉及关联交易的，独立财务顾问是否就本次重组对上市公司非关联股东的影响发表明确意见。 上市公司董事会或中介机构确认本次重组涉及关联交易的，独立董事是否另行聘请独立财务顾问就本次重组对上市公司非关联股东的影响发表意见
重大资产重组对关联交易状况的影响	原则关注点：重组报告书是否充分披露本次重组前后的关联交易变化情况；重组是否有利于上市公司增强经营独立性，减少和规范关联交易；重组方案是否严格限制因重组而新增可能损害上市公司独立性的持续性关联交易；对于重组完成后无法避免或可能新增的关联交易，是否采取切实有效的措施加以规范，相关各方是否做出了明确具体的承诺或签订了完备的协议，以提高关联交易的决策透明度和信息披露质量，促进定价公允性
	具体关注点：是否充分披露关联方和关联人员。是否以列表等有效方式，充分披露交易对方及其实际控制人按产业类别划分的下属企业名录，并注明各企业在本次重组后与上市公司的关联关系性质或其他特殊联系；是否充分披露交易对方的实际控制人及其关联方向上市公司（或其控股或控制的公司）推荐或委派董事、高级管理人员及核心技术人员的情况。 是否充分披露关联交易在重组前后的变化及其原因和影响。辅以分类列表等有效方式，区分销售商品、提供劳务、采购商品、接受劳务、提供担保、接受担保、许可或接受许可使用无形资产等交易类型，充分披露本次交易前后的关联交易及变化情况，披露内容包括但不限于具体的关联方、关联方与上市公司的关系性质（如母子公司、同一方控制等）、交易事项内容、交易金额、主要定价方式、占上市公司同类/同期营业收入（或营业成本、利润等核心量化指标）的比重等。同时，是否说明各类交易是属于经常性关联交易或偶发性关联交易；是否充分披露上市公司重组完成后（备考）关联销售收入占营业收入、关联采购额占采购总额、关联交易利润占利润总额等的比例，相关比例较高的（如接近或超过30%），是否充分说明对上市公司经营独立性和业绩稳定性的影响；如重组前后相关数据指标存在较大变动或波动，是否充分说明其真实性和具体原因，并提出必要的应对解决措施

续表

重大资产重组对关联交易状况的影响	具体关注点：是否充分披露关联交易定价依据，以及是否详细分析交易定价公允性。是否对照市场交易价格或独立第三方价格进行充分分析说明，对于关联交易定价与市场交易价格或独立第三方价格存在较大差异，或者不具有可比的市场价格或独立第三方价格的，是否充分说明其原因，是否存在导致单方获利性交易或者导致显失公允的情形。 对于交易对方或其实际控制人与交易标的之间存在特定债权债务关系的，结合关联方应收款项余额占比及其可收回性的分析情况，重点关注是否可能导致重组完成后出现上市公司违规对外担保、资金资源被违规占用，是否涉及对关联财务公司的规范整改，对此类问题能否在确定最终重组方案前予以彻底规范和解决。 特殊情况下涉及重组方将其产业链的中间业务注入上市公司，重组后的持续关联交易难以避免的，是否已考虑采取有效措施（督促上市公司）建立对持续性关联交易的长效独立审议机制、细化信息披露内容和格式，并适当提高披露频率。 是否存在控股股东、实际控制人及其关联方通过本次重组占用上市公司资金、资源或增加上市公司风险的其他情形，相关影响和解决措施是否已充分披露。 独立财务顾问是否充分核查关联交易的具体构成及其（积极和消极）变化和影响，是否已充分分析说明关联交易的发生原因、必要性和定价公允性，是否已审慎核实减少和规范关联交易的承诺和措施，是否明确发表专业意见

6. 持续经营能力

关注要点	重组完成后上市公司是否做到人员、资产、财务方面独立。财务方面独立包括但不限于独立开设银行账户、独立纳税，以及独立做出财务决策。 重组完成后上市公司负债比率是否过大（如超过 70%），导致上市公司财务风险很高。 重组完成后上市公司是否将承担重大担保或其他连带责任，导致上市公司财务风险明显偏高。 重组完成后控股股东或关联方是否占用上市公司资金，或上市公司是否为控股股东或关联方提供担保。 重组完成后上市公司与控股股东及其实际控制人之间是否存在同业竞争问题，如存在，是否已就同业竞争问题做出合理安排。 交易完成后上市公司收入是否严重依赖于关联交易，关联交易收入及相应利润在上市公司收入和利润中所占比重是否合理

7. 内幕交易

关注要点	相关申报文件的齐备性。 相关交易行为的合法性

续表

涉及资产重组的行政许可申请文件关注内容	上市公司与交易对方就重大资产重组事宜是否采取保密措施并提供保密制度说明，以及与所聘证券服务机构签署的保密协议和交易进程备忘录。 是否出具上市公司二级市场股票交易自查报告，即从董事会首次决议前 6 个月起至重组报告书公布之日止，上市公司及其董事、监事、高级管理人员，交易对方及其董事、监事、高级管理人员（或主要负责人），相关专业机构及其他知悉本次重大资产交易内幕信息的法人和自然人，以及上述相关人员的直系亲属买卖该上市公司股票及其他相关证券情况的自查报告及相关买卖情况说明（如有）。 是否出具登记结算公司查询记录。对于在并购重组停牌（首次董事会决议公告）前上市公司股价出现异常波动（前 20 个交易日公司股价涨跌幅超过同期大盘涨跌幅 20%）的，还要求申请人对其自身及关联方是否存在内幕交易进行充分举证，并要求律师等中介机构发表明确意见，不同评估方法下评估参数取值等是否存在重大矛盾
相关交易行为合法性	如果相关人员有股票买卖记录，但发生在信息披露后，则关注相关人员是否能够清晰说明相关情况，中介机构是否核查并发表明确意见不构成内幕交易。 如果相关人员有股票买卖记录，发生在信息披露前但数量不大的，则关注相关人员是否能够清晰说明相关情况，中介机构是否核查并发表明确意见不构成内幕交易。此外，关注相关人员是否上缴收益，是否接受所在单位或中介培训，上述买卖行为及整改情况是否及时披露。 如果相关人员有高度疑似内幕交易的股票买卖行为（例如，敏感信息披露前集中买入或大量买入）或相关部门出具意见认为相关交易不能排除内幕交易嫌疑的，则转交有关部门确定是否存在内幕交易

8. 债权债务处置

关注要点	独立财务顾问和律师是否已对上市公司重组中债权、债务处理的全过程和结果的合法性明确发表专业意见，包括但不限于是否已及时通知债权人、是否已有效地提前偿还债务、是否提供了充分的担保、银行等特殊债权人出具的同意函是否取得相应层级或上级主管部门的有效批准或授权。 申请材料是否已经详细披露本次交易拟转移的债务总金额及债权人的总数目，在此基础上，是否披露已经同意本次重组的债权人对应的债务金额占债务总金额的比例。 如确实存在无法联系到债权人或债权人对本次重组债权处理方式不发表意见的，是否明确披露其对应的债权债务数量。 如果存在明确表示不同意本次重组的债权人，则其对应的债务是否在合理期限内（如提交并购重组委审核之前）已经偿还完毕，独立财务顾问和律师是否就此事项对本次重组的影响明确发表专业意见

续表

关注要点	上市公司、重组交易对方、原有控股股东或实际控制人等，是否对没有取得债权人明确意见的占比较小的债务处理提出明确的、切实可行的方案，独立财务顾问和律师是否就方案的合法性和可行性明确发表意见，律师是否就以上方案是否存在潜在的法律纠纷发表明确意见，如存在，相关方是否提供了担保等保障措施，确保上市公司、股东和相关债权人的利益不受损害。 部分债权人因前期无法联系或发表意见不及时，但在后续审核过程中又明确发表同意或不同意意见的，是否已经按以上原则进行处理，上市公司和相关中介机构是否及时充分披露了债权债务处置的最新进展和影响

9. 股权转让和权益变动

注入（置出）存续上市公司的标的公司股权	标的公司在重组前增减资或发生股权转让的，是否详细说明历次增减资及股权转让的原因和必要性，增减资或转让股权的作价依据及其合理性，每次增减资或转让涉及的价款来源是否合法、支付是否到位；是否详细披露股权变动相关各方的关联关系；标的公司存在出资不实或变更出资方式的，关注相关股东是否已补足未到位资金或资产，消除了出资不到位的法律风险，对出资不实或未及时到位对上市公司的影响是否已充分披露。 结合相关内部决策文件和股权转让协议，说明股权转让是否履行必要的审议和批准程序，是否符合相关法律法规及公司章程的规定，是否存在违反限制或禁止性规定而转让的情形；属于有限责任公司的，还需关注相关股权转让是否已取得其他股东的同意或符合公司章程的规定，是否取得其他股东放弃优先购买权的承诺。相关政府部门对产权的确认是否具备足够的法律效力；是否引致诉讼、仲裁或其他形式的纠纷。 历次增减资及股权转让是否存在“利益输送”问题。向上市公司转让标的公司股权时，是否存在做高估价的情形；上市公司转让标的公司股权时，是否存在做低估价的情形。 上市公司在交易完成后将成为持股型公司的，关注上市公司在交易完成后直接和间接持有的企业股权是否为控股权
上市公司股份转让、权益变动	上市公司重组或收购涉及的上市公司股份转让、权益安排（包括股份转让、实质权益托管或让渡等）是否已充分披露；是否取得相关部门批准；是否违反特定主体的股份锁定规则或承诺；是否可能导致不正当的利益输送；是否可能导致控制权不稳定或因控制权恶性争夺致使公司陷入僵局；是否可能产生规避信息披露和要约义务等法定义务的效果；是否存在侵害上市公司和公众股东利益的其他情形；对于上述权益变动的风险，是否已充分披露并采取必要的应对措施

续表

其他关注事项	增资及股权转让过程中是否存在非法募资行为。 股权或股份代持情况是否充分披露，相关报告期内的代持情况是否发生过变化，相关变动是否可能引发法律争议。 相关报告期内是否存在股东超过法定人数限制的情形。 标的公司股东及实际控制人是否涉及由工会或职工持股会持有主要权益的问题，相关问题是否已有效整改。 标的公司股权在相关报告期内涉及债转股的，相关债权债务是否真实有效，相关转股程序是否完备、合法、有效。 独立财务顾问和律师是否在充分核查相关交易事实的基础上发表明确的专业意见

10. 过渡期间权益安排

过渡期间损益安排	上市公司拟发行股份购买资产，对于以收益现值法、假设开发法等基于未来收益预期的估值方法作为主要评估方法的，关注拟购买资产在过渡期间（从评估基准日至资产交割日）等相关期间的损益承担安排是否可能损害上市公司和公众股东利益，期间盈利是否归上市公司所有。如期间盈利按约定非由上市公司享有，则关注是否影响标的资产估值作价的合理性，关注交易双方是否做出了其他对等性安排（例如，双方约定资产出售方不享受上市公司在过渡期间的收益，并采取具体措施确保资产出售方不能享有上市公司的该项收益）。 上市公司拟发行股份购买资产，标的资产作价自始确定不变的，关注标的资产在过渡期间如发生亏损，资产出售方是否向上市公司以现金等合理方式补足亏损部分